全国医学院校高职高专系列配套教材

人体解剖学实训练习

主　　审　饶利兵
主　　编　田海文　董占奎　彭　湃
副 主 编　马尚林　杜淑华　景玉萍
编　　者　（以姓氏笔画为序）

马尚林（张掖医学高等专科学校）　　　　王焕文（铜仁职业技术学院）
王锦绣（大庆医学高等专科学校）　　　　化　冰（张掖医学高等专科学校）
甘功友（湖南环境生物职业技术学院）　　田海文（怀化医学高等专科学校）
向长和（怀化医学高等专科学校）　　　　刘伏祥（益阳医学高等专科学校）
刘求梅（湖南中医药高等专科学校）　　　刘洪涛（大庆医学高等专科学校）
杜淑华（大庆医学高等专科学校）　　　　李　莉（怀化医学高等专科学校）
李玉芳（黑龙江护理高等专科学校）　　　李金钟（天津医学高等专科学校）
李建银（张掖医学高等专科学校）　　　　杨懿农（怀化医学高等专科学校）
沙地克·沙吾提（新疆医科大学高等　　　张冬初（湖南环境生物职业技术
　　　　　　　职业技术学院）　　　　　　　　　学院）
陈　峡（怀化医学高等专科学校）　　　　陈佑泉（平凉医学高等专科学校）
胡祥上（怀化医学高等专科学校）　　　　彭　湃（常德职业技术学院）
董占奎（大庆医学高等专科学校）　　　　景玉萍（湖北职业技术学院）
谢正兰（怀化医学高等专科学校）
廖建军（新疆医科大学高等职业技术学院）
滕树成（铜仁职业技术学院）　　　　　　鞠晓军（怀化医学高等专科学校）

北京大学医学出版社

RENTIJIEPOUXUE SHIXUN LIANXI

图书在版编目（CIP）数据

人体解剖学实训练习/田海文，董占奎，彭湃主编. —北京：北京大学医学出版社，2011.8（2020.8重印）

（全国医学院校高职高专系列配套教材）

ISBN 978-7-5659-0191-1

Ⅰ.①人… Ⅱ.①田…②董…③彭… Ⅲ.①人体解剖学—高等职业教育—教材 Ⅳ.①R322

中国版本图书馆CIP数据核字（2011）第141052号

人体解剖学实训练习

主　　编：	田海文　董占奎　彭　湃
出版发行：	北京大学医学出版社
地　　址：	(100083) 北京市海淀区学院路38号 北京大学医学部院内
电　　话：	发行部 010-82802230；图书邮购 010-82802495
网　　址：	http://www.pumpress.com.cn
E - mail：	booksale@bjmu.edu.cn
印　　刷：	北京金康利印刷有限公司
经　　销：	新华书店
责任编辑：张彩虹	责任校对：张　雨　　责任印制：罗德刚
开　　本：	787mm×1092mm　1/16　　印张：8　　字数：198千字
版　　次：	2011年8月第1版　2020年8月第4次印刷
书　　号：	ISBN 978-7-5659-0191-1
定　　价：	30.00元

版权所有，违者必究

（凡属质量问题请与本社发行部联系退换）

全国医学院校高职高专系列教材编审委员会组成名单

主任委员：王德炳
学术顾问：程伯基
第一副主任委员
  陈涤民　怀化医学高等专科学校　　　　校长
副主任委员（以姓氏笔画为序）
  匡奕珍　山东万杰医学院　　　　　　　院长
  杨文明　常德职业技术学院　　　　　　院长
  何旭辉　大庆医学高等专科学校　　　　校长
  姚军汉　张掖医学高等专科学校　　　　校长
  秦海洸　柳州医学高等专科学校　　　　副校长
  高炳英　青海卫生职业技术学院　　　　党委书记
  雷巍娥　湖南环境生物职业技术学院　　副院长
秘书长　李晓阳　怀化医学高等专科学校　　　　副校长
委　员（以姓氏笔画为序）

马红茹	马晓健	王化修	王晓臣	王喜梅	王嗣雷	邓 瑞	邓开玉
艾晓清	叶 玲	申小青	田小英	付林海	冯丽华	冯燕俊	吕 冬
向开祥	向秋玲	邬贤斌	庄景凡	刘一丁	刘兴国	刘金宝	刘振华
许健瑞	阳 晓	李 兵	李争鸣	李金成	李钟峰	李淑文	李雪兰
李新才	李豫青	杨立明	杨新忠	吴 艳	吴水盛	吴和平	吴德诚
宋 博	宋国华	张 申	张 萍	张 慧	张 薇	张玉兰	张振荣
张跃新	张琳琳	陆 春	陆 涛	陈小红	陈良富	陈建中	易德保
岳新荣	周 毅	周旺红	周德华	郑丽忠	赵亚珍	郝晓鸣	柳 洁
段于峰	饶利兵	姜海鸥	姚本丽	贺 伟	耿 磊	聂景蓉	桂 芳
徐凤生	郭 毅	陶 莉	黄建林	黄雪霜	曹庆旭	曹述铁	阎希青
彭 湃	彭 鹏	彭艾莉	董占奎	蒋乐龙	曾孟兰	谢日华	蓝琼丽
蒲泉州	鲍缇夕	蔡岳华	谭占国	熊正南	戴肖松		

序

医药卫生类高职高专教育是我国高等医学教育体系的重要组成部分。目前我国正在积极推进医药卫生体制改革，力争用几年时间基本建成覆盖全国城乡的基本医疗卫生制度，初步实现人人享有基本医疗卫生服务的目标。因此，对基层卫生服务人才的需求在大量增加，同时对其素质要求也在提高。卫生部针对基层人才严重缺乏的问题，指出当前和今后一段时间内还需要培养高等专科水平的医学人才，充实基层卫生服务技术人才队伍。

在新一轮医药卫生体制改革逐步推进的大背景下，为配合教育部"十二五"国家级规划教材建设，中国高等教育学会医学教育专业委员会与北京大学医学出版社共同发起成立全国医学院校高职高专系列教材编审委员会，组织二十余所医学院校启动了全国医学院校高职高专系列教材的编写、出版工作。本系列教材包括4个子系列，即基础课程（14种）、临床专业课程（10种）、全科医学专业课程（5种）和护理专业课程（11种），有些教材还编写了配套实验指导与学习指导。

这套教材编写的指导思想是：符合人才培养规律，体现教学改革成果，确保教材质量。各教材在编写中把握了以下原则：①根据专业培养目标、就业需要及本课程在教学计划中的地位、作用和规定学时数确定编写大纲及内容的深度、广度、重点和字数。②着重于基础理论、基本知识和基本技能的叙述。基础课教材要体现专业特色，要为专业课服务。③保证内容的科学性、启发性、逻辑性、先进性和适用性。应做到概念清楚，定义准确，理论有据，名词术语准确统一；启发学生理解、分析问题，有利于提高学生的学习兴趣和培养他们的钻研探索精神。④恰当处理相关课程内容之间的交叉与衔接，以避免知识点的不必要重复。⑤内容涵盖执业助理医师或护士执业资格考试最新版考试大纲的要求，以利于学生应考和就业。

这套教材的编写、出版和使用，离不开二十余所医学院校领导和教务部门的支持，凝聚了各教材编写组老师们的辛勤劳动和汗水。这套教材的出版时值国家"十二五"规划开局之年，我们会积极努力申报，争取有更多教材入选"十二五"国家级规划教材，为医药卫生类高职高专教育的改革和发展贡献力量！

王德炳

2010年12月

前　言

　　人体解剖学是一门实验性很强的学科，其理论的形成与发展几乎都以实验技术为基础。为适应教学的需要，提高学生的动手能力，加深学生对人体解剖学的理解，我们利用湖南省科普教育基地暨怀化医学高等专科学校的人体科学馆的实物标本，拍摄成图片，特编写《人体解剖学实训练习》，作为医学高职高专人体解剖学实验教学和学习辅导用书。

　　《人体解剖学实训练习》是饶利兵、董占奎、彭湃主编，曹述铁主审的全国医学院校高职高专系列教材《人体解剖学》的配套用书，根据教学大纲，结合实际情况编写而成。本书按系统分为两部分，包括16项实验和与实验学习同步的实训练习。每次实验2学时，共36学时。每项实验包括实验目的与要求、实验教具、实验内容与教学方法。本书目的是指导学生在实验室学习过程和方法，使学生能将课堂内容与教学标本、模型、挂图有机结合起来。本书的特点是汇集了典型的、有代表性的实物标本，可使学生进行实训练习，加深对人体解剖结构的记忆与理解。

　　本书不仅是实验教材，亦可作为解剖学学习与考试指导用书，供广大医学生使用。由于编写时间较紧迫，不当之处在所难免，一些实物图片还有待完善。殷切期望广大师生在使用过程中多提宝贵意见，以便再版时修改和完善。

本书编写组
2011年5月

目 录

实验一 骨概述、躯干骨 ……………… 1
实训练习一 ……………………………… 3
实验二 颅骨 ……………………………… 6
实训练习二 ……………………………… 8
实验三 四肢骨 ………………………… 12
实训练习三 ……………………………… 14
实验四 关节学总论、躯干骨和颅骨的
　　　　连结 …………………………… 18
实训练习四 ……………………………… 20
实验五 四肢骨的连结 ………………… 23
实训练习五 ……………………………… 25
实验六 肌概述、头肌、颈肌、
　　　　躯干肌 ………………………… 28
实训练习六 ……………………………… 32
实验七 上肢肌 ………………………… 37
实训练习七 ……………………………… 39
实验八 盆底肌与下肢肌 ……………… 44

实训练习八 ……………………………… 47
实验九 消化系统 ……………………… 52
实训练习九 ……………………………… 57
实验十 呼吸系统 ……………………… 61
实训练习十 ……………………………… 65
实验十一 泌尿、生殖系统和腹膜 …… 70
实训练习十一 …………………………… 73
实验十二 心脏 ………………………… 78
实训练习十二 …………………………… 80
实验十三 动脉、静脉及淋巴系统 …… 84
实训练习十三 …………………………… 87
实验十四 感觉器、内分泌系统 ……… 93
实训练习十四 …………………………… 96
实验十五 中枢神经系统 ……………… 100
实训练习十五 …………………………… 104
实验十六 周围神经系统 ……………… 109
实训练习十六 …………………………… 112

实验一　骨概述、躯干骨

【实验目的与要求】

➢ 掌握内容
1. 解剖学基本术语　人体解剖学姿势、面、轴和方位术语。
2. 运动系统的组成及各部功能。
3. 骨的分类和构造。
4. 骨连接的分类，关节的基本结构、辅助装置及关节的运动。
5. 躯干骨的组成。
6. 椎骨的一般形态和各部椎骨的特征。
7. 肋的组成，真肋、假肋、浮肋和肋弓的定义；肋骨的一般形态；第一肋的形态特征。
8. 胸骨的基本形态和胸骨角的概念及其临床意义。

➢ 熟悉内容
1. 骨的形态和命名原则。
2. 骨的表面形态。

➢ 了解内容
骨的生长、再生及骨的化学和物理特性。

【实验教具】

1. 标本
 （1）标本　新鲜猪股骨、煅烧骨、脱钙骨。
 （2）各类椎骨、肋骨若干。
 （3）完整的骨性脊柱、12对肋、完整的骨性胸廓。
 （4）成人骨架。
2. 挂图　运动系统骨学全套挂图。
3. 活体骨。

【实验内容与教学方法】

（一）总论
学生分组观察，教师巡回指导。
1. 使用新鲜猪股骨标本观察骨的构造（骨膜、骨髓，红骨髓与黄骨髓的分布，骨膜与关节面的关系）。
2. 观察煅烧骨和脱钙骨，理解骨的成分（有机质与无机质的性质、特点）和骨的构造。
3. 在锯开的长骨上观察和辨识骨密质、骨松质、骨小梁等结构。
4. 在成人骨架上观察和了解骨的分布和骨的形态。

（二）躯干骨

学生 2 人一组观察，教师巡回个别辅导，并结合学生自身触摸。

1．椎骨

（1）观察椎骨的一般形态　椎体、椎弓、椎孔、椎弓根、椎弓板、椎上切迹、椎下切迹、上关节突、下关节突、横突、棘突。

（2）观察各部椎骨的形态结构

1）颈椎　①一般形态：椎体较小，呈椭圆形；椎孔较大，呈三角形；横突上有横突孔，棘突短。②末端分叉特殊颈椎的形态结构：仔细观察第 1、第 2、第 7 颈椎。

2）胸椎　①一般形态：椎体、椎弓、椎孔、棘突（注意其大小、长短）；②特殊结构：椎体肋凹和横突肋凹。

3）腰椎　椎体大，断面呈肾形，上、下关节突粗大，关节面几乎呈矢状位；棘突呈板状，水平后伸。

4）骶骨　先分清方位，即上、下、前、后，再辨认主要结构：骶前孔（4 对）、骶后孔（4 对）、骶正中嵴、骶管裂孔、骶角、耳状面、骶岬等。

5）尾骨　由 3～4 块退化的尾椎融合而成。

2．肋　共有 12 对。

（1）在骨性胸廓标本上观察肋的大体形态及其与脊柱的关系，确认真肋、假肋和浮肋。

（2）观察游离肋的形态　辨认肋头、肋颈、肋体、肋结节、肋沟等。

（3）观察特殊肋的形态　第 1 肋（扁宽而短、无肋角和肋沟，但有前斜角肌结节、锁骨下动脉沟、锁骨下静脉沟等）。

3．胸骨　确认胸骨柄、胸骨体和剑突，寻找颈静脉切迹、锁切迹和胸骨角。

实训练习一

一、辨认以下椎骨（图 1-1～图 1-3），并将其名称填写在横线上。

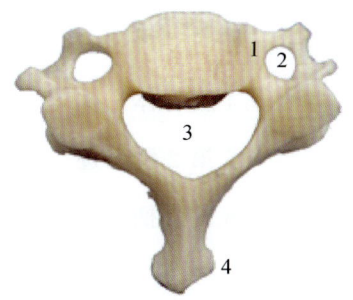

图 1-1　颈椎上面观

1 _____

2 _____

3 _____

4 _____

5 _____

6 _____

7 _____

8 _____

9 _____

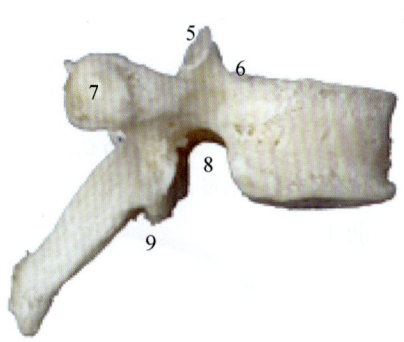

图 1-2　胸椎侧面观

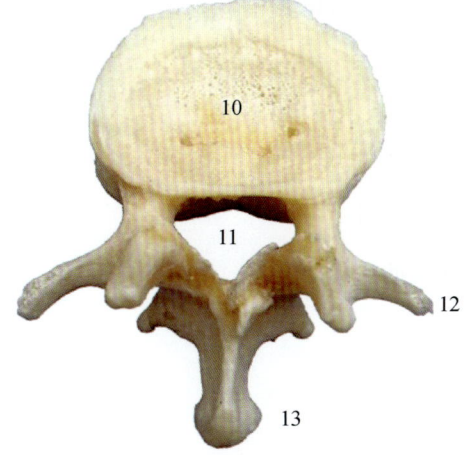

图 1-3　胸椎上面观

10 _____

11 _____

12 _____

13 _____

4　实训练习一

二、看图（图1-4～1-5），然后用箭头或线条将图四周的结构名称与图中相对应的结构连接起来。

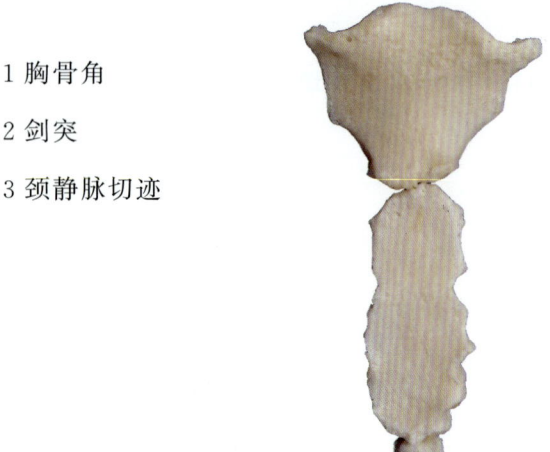

1 胸骨角

2 剑突

3 颈静脉切迹

4 胸骨体

5 第2肋切迹

6 胸骨柄

图1-4　胸骨前面观

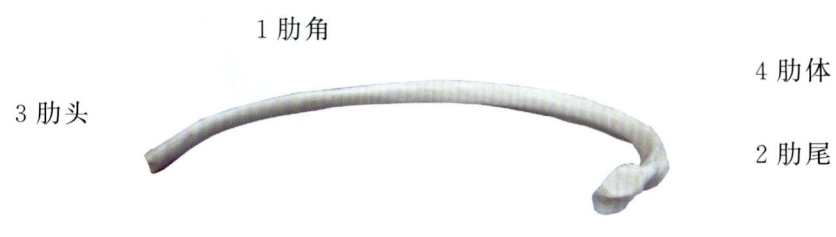

1 肋角

3 肋头

4 肋体

2 肋尾

图1-5　肋骨

三、观察以下肋骨（图1-6），试标出这几个肋骨的位置顺序。

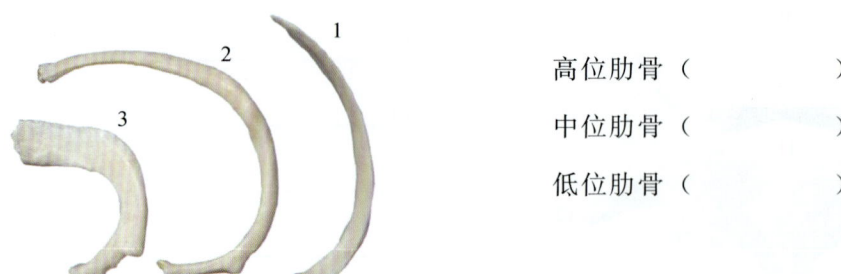

高位肋骨（　　　）

中位肋骨（　　　）

低位肋骨（　　　）

图1-6　肋的比较

四、看图填空（图 1-7～1-8）。

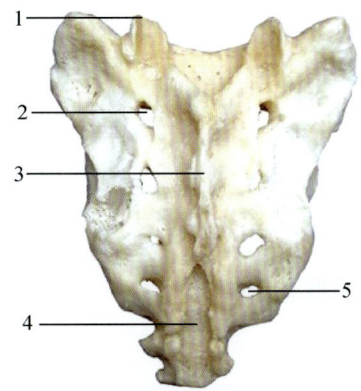

1 _____

2 _____

3 _____

4 _____

5 _____

图 1-7　骶骨后面观

6 _____

7 _____

图 1-8　骶骨前面观

实验指导教师_____

_____年_____月_____日

实验二 颅 骨

【实验目的与要求】

▶ 掌握内容

1. 颅的分部，脑颅骨和面颅骨的名称、位置。
2. 分离颅骨中颞骨、蝶骨、筛骨、上颌骨和下颌骨的形态结构。
3. 整颅颅底内、外面的主要结构、孔裂交通。
4. 骨性鼻旁窦的构成、位置和开口部位。
5. 颅骨的主要体表标志。

▶ 熟悉内容

颅的侧面和前面观。

▶ 了解内容

1. 颅顶的主要结构。
2. 新生儿颅的特征及生后变化。

【实验教具】

1. 分离的脑颅骨、面颅骨标本和模型。
2. 完整的颅骨标本。
3. 经颅腔的水平切面标本。
4. 颅正中矢状切面标本。
5. 新生儿颅标本。

【实验内容与教学方法】

学生观察、触摸为主，辅以教师示教和巡回指导。

（一）观察各颅骨的形态

在分离的颅骨标本上辨认23块颅骨的名称和位置。其中脑颅骨8块，面颅骨15块。重点观察下颌骨和舌骨，其次是筛骨、蝶骨、颞骨、上颌骨、腭骨，再次是鼻骨、颧骨、泪骨、犁骨等。

（二）观察颅的整体形态

1. **颅的顶面观** 重点观察冠状缝、矢状缝、人字缝、顶结节、枕外隆凸等。
2. **颅的前面观** 包括额区、骨性眼眶、骨性鼻腔和骨性口腔。重点观察骨性眼眶和骨性鼻腔。确认额结节、眉弓、眶的四壁、眶上孔（或眶上切迹）、眶下孔、视神经管、眶上裂、眶下裂、泪囊窝、鼻中隔、上鼻甲、中鼻甲、下鼻甲、蝶筛隐窝、蝶腭孔、骨腭。
3. **颅底内面观** 包括颅前窝、颅中窝和颅后窝三部分。在颅前窝内确认额嵴、盲孔、鸡冠和筛板、筛孔，在颅中窝内确认垂体窝、视神经管、眶上裂、前床突、鞍背、后床突、破裂孔、颈动脉管内口、圆孔、卵圆孔、棘孔、脑膜中动脉沟、鼓室盖和三叉神经节压迹，在颅后窝内确认枕骨大孔、斜坡、舌下神经管内口、枕内隆凸、上矢状窦沟、横窦沟、乙状窦沟和内耳门等。

4．颅底外面观　通过两侧关节结节的连线分其为前、后两区。在前区内，确认牙槽弓和骨腭，在骨腭后方确认鼻后孔，翼突内、外板，卵圆孔和棘孔；在后区内，确认枕骨大孔、枕髁、舌下神经管外口、颈动脉管外口、茎突、茎乳孔、下颌关节结节、下颌窝及破裂孔等。

5．颅的侧面观　在颧弓上方和后方确认颞窝处的上、下颞线，翼点，乳突和外耳门，并注意颞下窝的境界及颞窝和翼腭窝的交通，翼腭窝的位置及其与颞下窝、眶、颅中窝、骨性鼻腔及颅底的交通。

6．观察新生儿颅的特点　脑颅大于面颅，有颅囟，鼻旁窦不发达。

实训练习二

一、你能在相应横线处填出图 2-1 和图 2-2 中标示的颅骨结构吗？

1 _____
2 _____
3 _____
4 _____
5 _____
6 _____

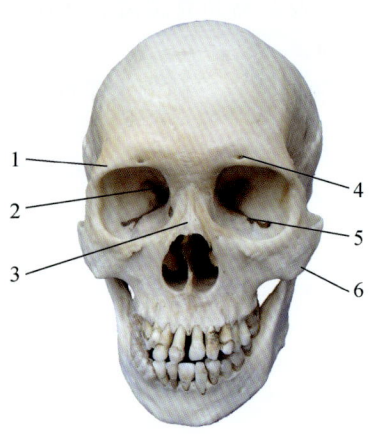

图 2-1　颅的前面观

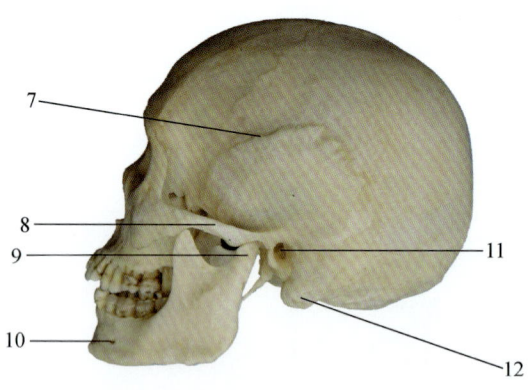

图 2-2　颅的侧面观

7 _____
8 _____
9 _____
10 _____
11 _____
12 _____

二、请在标本和模型上寻找颅底外面观的洞、孔等结构，并在相应横线上填写图 2-3 中标示的结构名称。

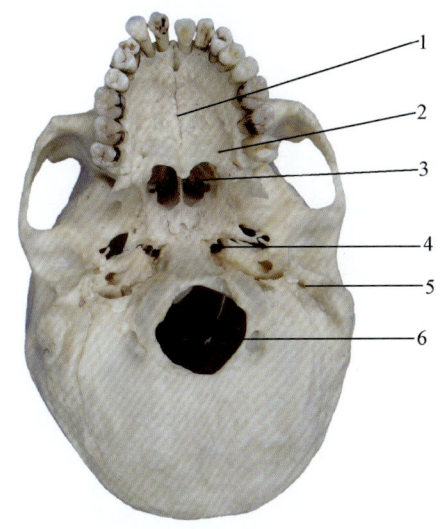

1 _____

2 _____

3 _____

4 _____

5 _____

6 _____

图 2-3　颅底外面观

三、请在图 2-4 中找出与图 2-3 中的孔、洞相通的结构，并填写在相应横线上。

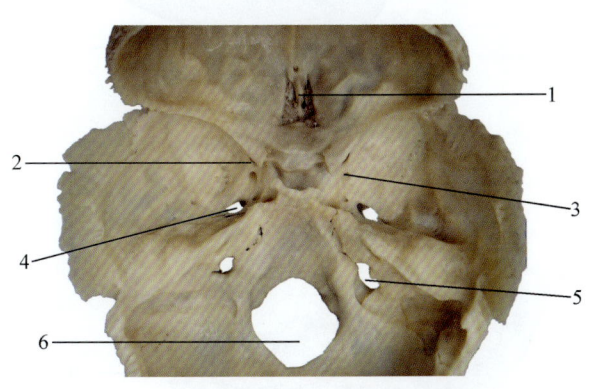

图 2-4　颅底内面观

1 _____

2 _____

3 _____

4 _____

5 _____

6 _____

四、辨认颞骨及下颌骨（图 2-5～图 2-7），并将颞骨各分部名称、下颌骨各结构名称填写在相应横线上。

1 _____

2 _____

3 _____

4 _____

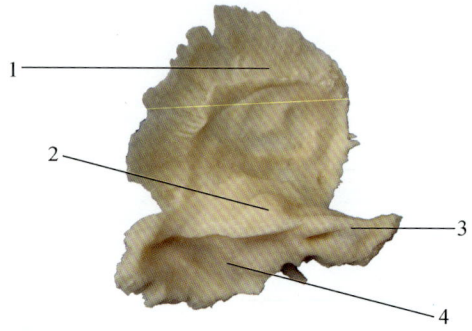

图 2-5　颞骨内面观

5 _____

6 _____

7 _____

8 _____

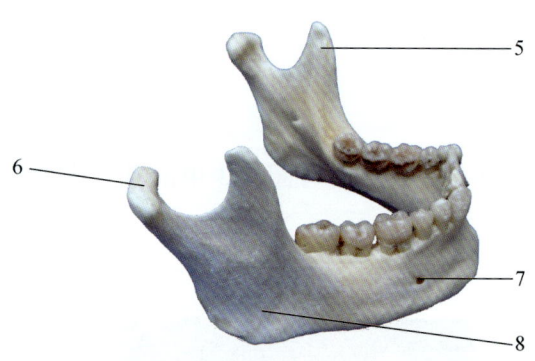

图 2-6　下颌骨侧面观

9 _____

10 _____

图 2-7　下颌骨后面观

五、综合分析题

图 2-8　新生儿颅骨（侧面观）

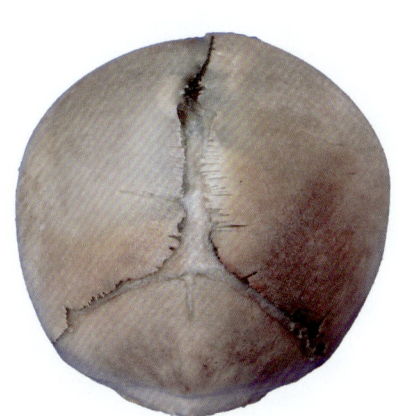

图 2-9　新生儿颅骨（上面观）

图 2-10　成人颅骨（上面观）

1. 填写出图 2-8 上标示的新生儿颅骨名称。

   A ＿＿＿＿＿＿＿＿；B ＿＿＿＿＿＿＿＿；C ＿＿＿＿＿＿＿＿；D ＿＿＿＿＿＿＿＿。

2. 试比较新生儿颅骨与成年人颅骨之间结构上的差别。

   ＿＿＿。

3. 新生儿在发生颅内高压时，较成年人的耐受力更强，试从颅骨结构角度解释原因。

   ＿＿＿。

实验指导教师＿＿＿＿＿＿＿＿＿

＿＿＿＿＿年＿＿＿＿＿月＿＿＿＿＿日

实验三　四肢骨

【实验目的与要求】

➤ 掌握内容
1. 下肢骨的分布、组成、名称和排列位置。
2. 锁骨、肩胛骨、尺骨和桡骨的位置、形态结构，并能区分左、右侧。
3. 髋骨、股骨、胫骨、腓骨和髌骨的位置、形态结构。
4. 下肢骨的重要体表标志：髂前上棘，耻骨结节，股骨大转子，髌骨，胫骨粗隆，内、外踝等。

➤ 熟悉内容
腕骨的名称、排列关系和特点。

➤ 了解内容
掌骨、指骨的形态结构。

【实验教具】

1. 自由上、下肢骨游离标本若干套。
2. 完整的骨盆标本。
3. 整体全身骨骼标本。

【实验内容与教学方法】

以学生观察、触摸为主，辅以教师示教和巡回指导。先在整体全身骨骼标本上比较上、下肢骨的数目、形态、大小等，然后再逐个观察各四肢骨的形态特点。

（一）观察上肢骨

上肢骨由上肢带骨（锁骨、肩胛骨）和自由上肢骨（肱骨、尺骨、桡骨、腕骨、掌骨、指骨）组成。

1. **锁骨**　分胸骨端和肩峰端。注意内、外两端，上、下两面的形态特点。
2. **肩胛骨**　分清肩胛骨的前、后两面，确认肩胛下窝、肩胛冈、冈上窝、冈下窝、肩峰、喙突、肩胛切迹、关节盂、盂上结节、盂下结节等。
3. **肱骨**　分清肱骨的上、下两端及前、后面，确认肱骨头、解剖颈、大结节、小结节、结节间沟、外科颈、三角肌粗隆、桡神经沟、肱骨滑车、肱骨小头、冠突窝、桡窝、鹰嘴窝、外上髁、内上髁和尺神经沟。
4. **尺骨**　分清上、下端和左、右侧，确认滑车切迹、鹰嘴、冠突、桡切迹、尺骨粗隆、尺骨头和尺骨茎突。
5. **桡骨**　分清上、下端和左、右侧，确认桡骨头、桡骨粗隆、骨间缘、桡骨茎突、尺切迹和腕关节面。
6. **腕骨**　共8块，注意它们的排列（舟月三角豆，大小头状钩）及各腕骨的大体形态。

7. 掌骨和指骨　确认各掌骨的底、体、头及各指骨的底、体和滑车的形态。

(二) 观察下肢骨

下肢骨由下肢带骨（髋骨）和自由下肢骨（股骨、髌骨、胫骨、腓骨、跗骨、跖骨和趾骨）组成。

1. 髋骨　由髂骨、坐骨和耻骨融合而成。先分清三骨的位置关系，然后寻找、辨认髂嵴、髂前上棘、髂后上棘、髂结节、髂前下棘、髂后下棘、髂窝、弓状线、坐骨棘、坐骨小切迹、坐骨大切迹、坐骨支、坐骨结节、髂耻隆起、耻骨上支、耻骨下支、耻骨梳、耻骨结节、耻骨嵴、耻骨联合面、髋臼窝、月状面和髋臼切迹等结构。

2. 股骨　先分清其上、下端和前、后面，再确认股骨头、股骨颈、大转子、小转子、转子间线、转子间嵴、粗线、臀肌粗隆、腘面、内侧髁、外侧髁、髁间窝、内上髁、外上髁和收肌结节。

3. 胫骨　先分清其上、下端和前、后面，再确认内侧髁、外侧髁、髁间隆起、腓关节面、胫骨粗隆、骨间缘、比目鱼肌线、内踝、腓切迹等结构。

4. 腓骨　确认腓骨头、腓骨颈、骨间缘和外踝。

5. 跗骨　共7块，注意它们的排列（跟在下，距在上，距前舟，跟前骰，一二三楔外伴骰，三楔又在舟前头）。

6. 跖骨　共5块，从内至外为第1、第2、第3、第4、第5跖骨，它们的底接跗骨，头接趾骨。

7. 趾骨　共14块。

实训练习三

一、辨认图 3-1 中所标示的解剖学结构，将其名称填写在相应横线上。

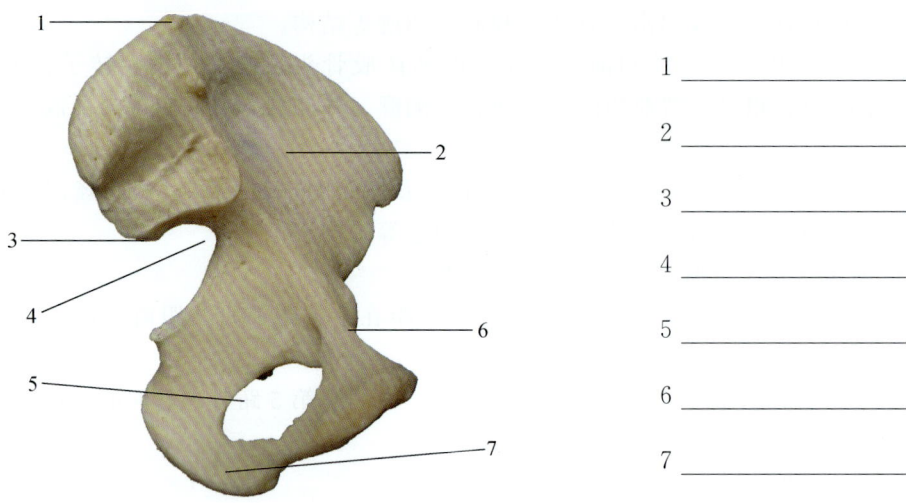

图 3-1　髋骨内侧面观

1 _____
2 _____
3 _____
4 _____
5 _____
6 _____
7 _____

二、辨识图 3-2 中标示的结构，并将其名称填写在相应横线上。

1 _____
2 _____
3 _____
4 _____
5 _____
6 _____
7 _____
8 _____

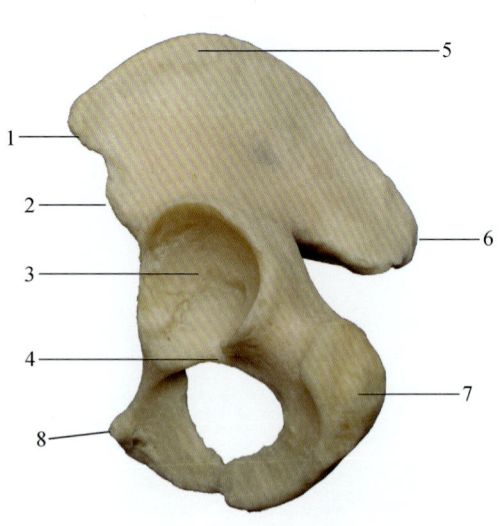

图 3-2　髋骨外侧面观

三、请用箭头或线条准确标示出带序号的结构名称在图 3-3～3-5 中相对应的位置。

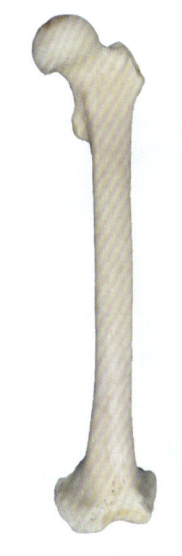

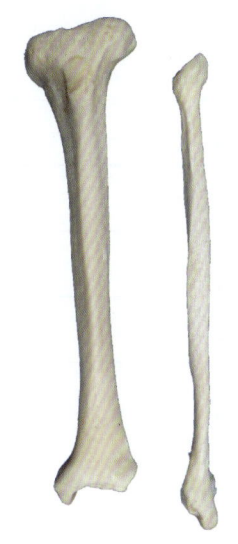

1 外踝

2 胫骨粗隆

3 小转子

4 股骨外侧髁

5 内踝

6 大转子

7 股骨头

图 3-3　股骨前面观

图 3-4　胫、腓骨前面观

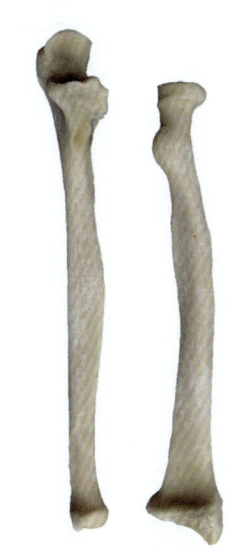

8 桡骨粗隆

9 桡骨头环状关节面

10 桡骨骨间缘

11 尺骨冠突

12 尺骨鹰嘴

13 尺骨小头

14 桡骨茎突

图 3-5　左侧桡、尺骨前面观

四、请在横线上填写出图 3-6 和图 3-7 中的体表骨性标志及骨结构名称。

1 _____
2 _____
3 _____
4 _____
5 _____
6 _____

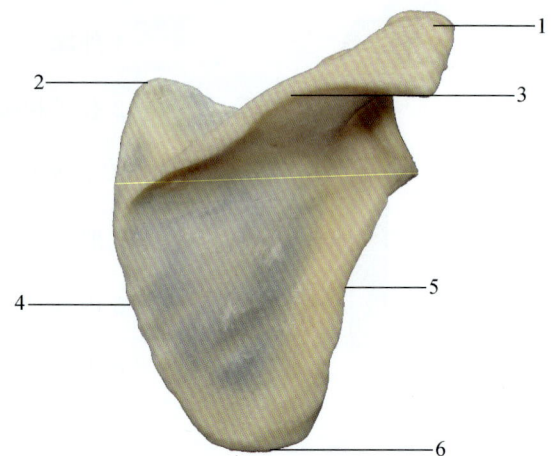

图 3-6　肩胛骨后面观

7 _____
8 _____
9 _____

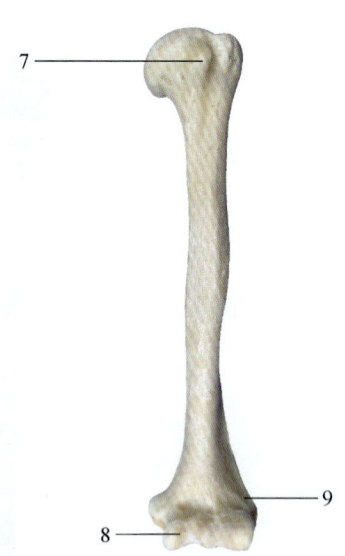

图 3-7　左肱骨前面观

五、请将图 3-8 和图 3-9 中标示的腕骨和跗骨名称填写在相应的横线上。你能在活体上找到其大致相应的位置吗？试试看。

1 _____

2 _____

3 _____

4 _____

5 _____

6 _____

7 _____

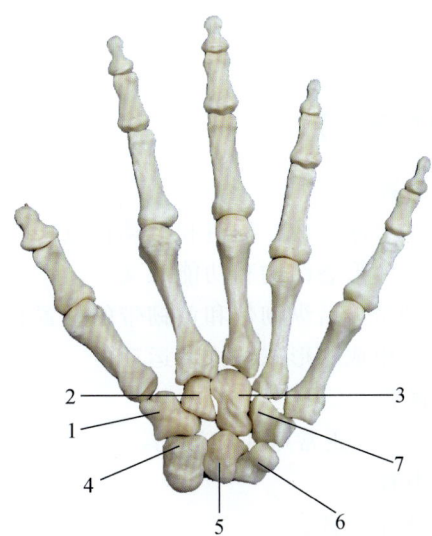

图 3-8　左手骨前面观

8 _____

9 _____

10 _____

11 _____

12 _____

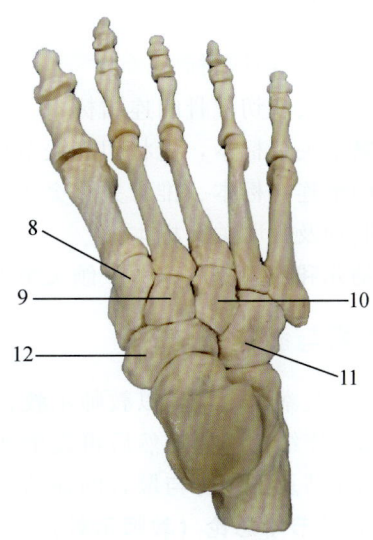

图 3-9　左足骨上面观

实验指导教师_____

_____年_____月_____日

实验四　关节学总论、躯干骨和颅骨的连结

【实验目的与要求】

➢ 掌握内容
1. 下颌关节的组成、构造和运动特点。
2. 椎间盘的形态结构和功能意义。
3. 前纵韧带、后纵韧带和黄韧带的位置和作用。
4. 胸廓的组成、形态结构和运动。

➢ 熟悉内容
脊柱的组成、正常弯曲和运动。

➢ 了解内容
1. 颅缝连结形式。
2. 胸廓的形态及年龄和性别差异。

【实验教具】

1. 整体全身骨骼标本。
2. 部分矢状切椎骨间连结标本。
3. 寰枢关节标本，冠状切肩关节标本，完整、前面切开、矢状切三种膝关节标本。
4. 肋椎连结标本、椎骨关节突关节标本、切开关节囊的肩关节标本。
5. 胸锁及胸肋关节标本。
6. 幼儿和成人整颅、颞下颌关节及骶骨标本。

【实验内容与教学方法】

以学生观察为主，辅以教师示教、巡回指导和课堂小结。先在整体全身骨骼标本上比较全身各部骨连结的不同，然后再逐个观察椎骨间的连结，肋与胸骨、肋与胸椎的连结，颅顶与颅底的连结及下颌骨与颞骨的连结。

（一）关节学总论（教师示教）

1. **纤维连结**　分韧带连结和缝连结两种。取部分矢状切椎骨间连结标本，观察相邻椎骨棘突间的棘间韧带及相邻椎弓板之间的黄韧带。取幼儿整颅标本，观察相邻顶骨间、顶骨与额骨间及顶骨与枕骨间的结缔组织，并与成人的矢状缝、冠状缝和人字缝比较。

2. **软骨和骨性连结**　取幼儿整颅标本，观察蝶骨与枕骨间的透明软骨结合（蝶枕结合）。取幼儿骶骨标本，观察相邻骶椎间的纤维软骨连结。在成人整颅及骶骨标本上找到上述相应连结，比较有何区别，并理解骨性结合与暂时性软骨连结的关系。

3. **滑膜关节**

（1）关节的基本结构　在冠状切的肩关节标本上辨认关节面、关节软骨和关节囊。注意关节囊的内面（滑膜层）较外面（纤维层）光滑，附着于关节软骨周缘，与关节软骨共同围

成密闭的关节腔。

（2）关节的辅助结构　在完整的膝关节标本上观察连于股骨外上髁与腓骨头间的腓侧副韧带及连于股骨内上髁与胫骨内侧髁的胫侧副韧带，两者均为囊外韧带；在切开的膝关节标本上观察位于关节囊内的前、后交叉韧带及内、外侧半月板；在矢状切的膝关节标本上观察髌上囊、翼状襞；在切开关节囊的肩关节标本上观察关节唇。

（二）躯干骨的连结（教师辅导学生观察）

1. 椎骨间连结　在部分矢状切椎骨间连结标本上观察椎间盘（髓核、纤维环），前、后纵韧带、黄韧带、棘间韧带、棘上韧带、横突间韧带；在关节突关节标本上观察相邻椎骨间的关节突关节。

2. 肋椎间的连结　在显示肋椎关节的标本上观察肋头关节、肋横突关节。

3. 脊柱与颅的连结　在整体骨架上观察寰枕关节、寰枢关节。

4. 脊柱的整体观　参考教材插图，并在活体上体会脊柱的各种运动形式。

5. 胸廓　先在胸锁及胸肋关节标本上观察胸骨与肋之间的连结，注意第1肋、第2～7肋、第8～10肋及第11、第12肋的前端与胸骨间连结的不同（参考教材），然后在整体全身骨骼标本上观察胸廓的构成及整体形态和运动。

（三）颅骨的连结

1. 观察完整颅骨的连结　在整颅标本上观察各颅顶骨间的缝连结。

2. 观察颞下颌关节　在切开的颞下颌关节标本上观察，注意其关节腔内的关节盘。

实训练习四

一、请将图 4-1 和图 4-2 中已标示的骨结构和骨连结找出，并将其名称填写在相应横线上。将骨连结分类，填写在括号内。

1 _____

2 _____

3 _____

4 _____

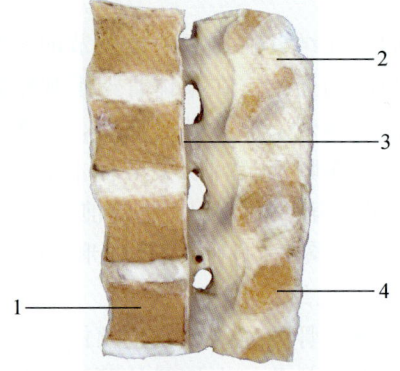

图 4-1　椎骨间连结剖面观

5 _____

6 _____

7 _____

椎体间连结（　　　　）

椎弓间连结（　　　　）

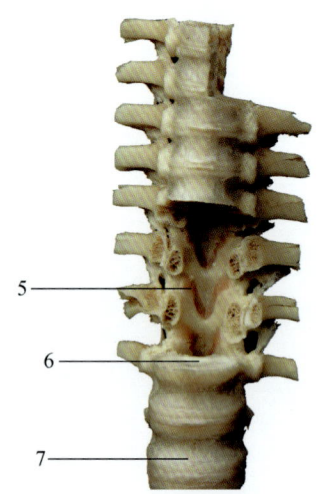

图 4-2　椎骨间连结前面观

二、在图 4-3 中标示各胸肋关节，并将其名称填写在相应横线上，最后试着将肋弓在图中用曲线和字母 H 标出。

A 第_____胸肋关节

B 第_____胸肋关节

C 第_____胸肋关节

D 第_____胸肋关节

E 第_____胸肋关节

F 第_____胸肋关节

G 第_____胸肋关节

H 肋弓

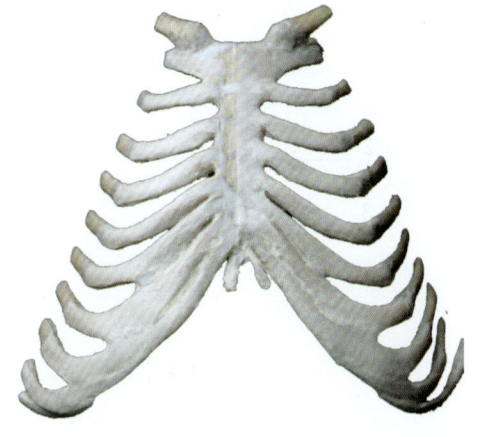

图 4-3 胸肋连结

三、看图（图 4-4）填空。

图 4-4　肋椎连结侧面观

1 _____　　4 _____

2 _____　　5 _____

3 _____

四、以下两幅图（图 4-5、图 4-6）分别显示下颌关节头在囊内的层次解剖及在囊外的关节脱位。你能在横线上写出图中所标示的结构名称吗？试试看。

1 _____

2 _____

3 _____

4 _____

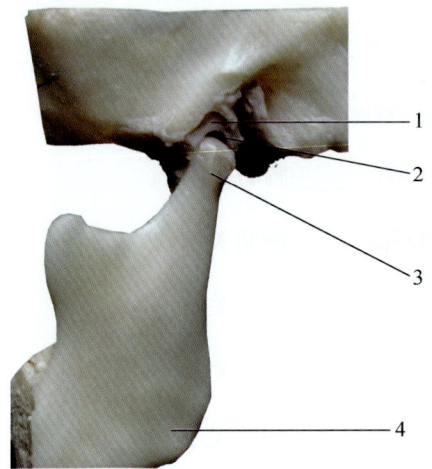

图 4-5　左下颌关节侧面剖面观

5 _____

6 _____

7 _____

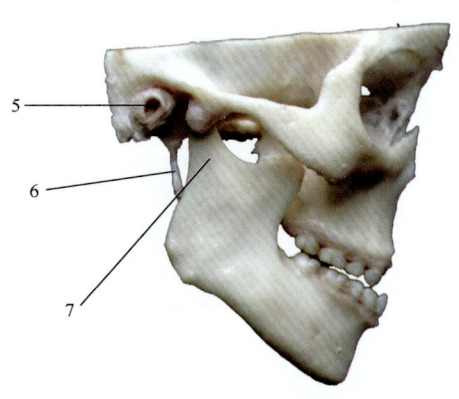

图 4-6　脱位的下颌关节侧面观

实验指导教师_____

_____年_____月_____日

实验五　四肢骨的连结

【实验目的与要求】

➤ 掌握内容
1. 肩关节、肘关节、桡腕关节、拇指腕掌关节的组成、形态、结构特点及运动。
2. 骶髂关节、髋关节、膝关节和踝关节的组成、形态结构特点及运动，足弓的构成及其功能。
3. 骨盆的构成、形态结构及大、小骨盆的分界线。

➤ 熟悉内容
1. 胸锁关节的组成、形态和运动。
2. 骶髂关节的形态结构，髋骨与骶骨之间的韧带连结及形成的孔（坐骨大孔、坐骨小孔）。

➤ 了解内容
1. 上肢骨连结的形式、结构和功能特点。
2. 腕骨间关节、腕掌关节、掌指关节和指间关节的形态结构。
3. 耻骨联合的结构特点及功能意义。
4. 跗骨间关节、跗跖关节、跖趾关节的形态结构。

【实验教具】

1. 整体全身骨骼标本。
2. 四肢的各游离关节标本（胸锁关节及其冠状切面，肩锁关节，肩关节，肘关节，腕关节，手冠状切面、暴露腕掌关节及指骨间关节，骨盆及其连结，髋关节，膝关节，踝关节，足的水平切面，足弓各标本及仿真模型）。
3. 前臂骨间膜、小腿骨间膜标本。

【实验内容与教学方法】

学生观察为主，辅以教师示教、巡回指导和课堂小结。先在完整全身骨骼标本上比较上、下肢骨连结的不同，然后再在四肢游离关节标本上逐个观察上肢带骨（锁骨与胸骨、锁骨与肩胛骨）的连结、自由上肢骨（肩胛骨与肱骨、肱骨与尺桡骨、桡尺骨间、桡尺骨与腕骨及腕骨间）的连结。

（一）上肢骨的连结（教师指导学生观察）
1. 胸锁关节　在锁骨与胸骨相连结及其冠状切面标本上观察，并在活体上体会它的运动。
2. 肩锁关节　在锁骨与肩胛骨连结标本上观察，并注意其关节囊上、下方的韧带。
3. 肩关节　在肩部与臂部相连结、暴露肩关节腔的标本上观察，注意关节囊的厚薄、囊内的肱二头肌长头腱及其周围的韧带，并在活体上体会肩关节的运动。
4. 肘关节　在肘关节的标本上观察，注意关节囊在前、后壁和内、外侧的不同和两侧的韧带，并观察桡骨头的环状关节面及其周围的骨纤维环。在活体上触摸肘后三角。

5. 前臂骨间膜 在尺、桡骨相连结的标本上观察，注意其纤维的方向。体会前臂的旋前、旋后运动。

6. 腕关节 在前臂与手相连结、暴露腕关节的标本上观察，注意关节窝和关节头的组成、关节囊的厚薄及其周围的韧带。

7. 腕骨间关节 各腕骨间结合牢固，不能相对运动，常伴随桡腕关节一起运动。

8. 腕掌关节 在手冠状切、暴露腕掌关节的标本上观察（重点观察拇腕掌关节），注意体会它们各自的运动特点。

9. 掌指关节 在手的冠状切标本上观察，注意关节囊的厚薄和前后的韧带，同时在活体上体会各掌指关节的运动特点。

10. 指间关节 在手的冠状切面、暴露指骨间关节的标本上观察，注意它们的关节囊及韧带，并体会各指间关节的运动特点。

（二）下肢骨的连结（教师指导学生观察）

1. 骶髂关节 在一完整的骨盆及其连结标本上观察，注意关节面和关节囊的特点及囊前、后的韧带，同时注意骶髂关节结构相当牢固，活动度极小。

2. 韧带 在一完整的骨盆及其连结标本或模型上观察，可看到髂腰韧带、骶结节韧带、骶棘韧带和闭孔膜等结构。

3. 耻骨联合 在一完整的骨盆及其连结标本的前面观察，注意其中间的矢状位裂隙，耻骨联合上、下方的耻骨上韧带和耻骨弓韧带，同时观察、体会耻骨联合活动（甚微）。

4. 骨盆 在一完整的骨盆及其连结标本上观察骨盆的形态，注意界线（骶岬、弓状线、耻骨梳、耻骨结节和耻骨联合上缘构成的环形线）的组成，大、小骨盆的形态特点，小骨盆的上、下口及耻骨下角等的性别差异。

5. 髋关节 在骨盆与股骨相连结并暴露髋关节的标本上观察髋关节，注意关节囊，髋臼周缘有髋臼唇、髋臼横韧带，股骨头韧带及关节囊周围的韧带（髂股韧带、耻骨韧带、坐股韧带），并体会髋关节的运动，且与肩关节比较。

6. 膝关节 在股骨与胫、腓骨相连结并暴露膝关节的标本上观察膝关节。注意关节囊的厚薄、周围的韧带、囊内的交叉韧带、半月板、髌上囊等结构，并体会膝关节的主要运动形式和运动范围。

7. 胫腓骨连结 在胫骨、腓骨相连结的标本上观察，注意上端的胫腓关节、两骨相对缘间坚韧的小腿骨间膜和下端的胫腓骨前、后韧带。

8. 距小腿关节（踝关节） 在胫、腓骨与足相接，暴露小腿关节的标本上观察，注意关节囊附着于各关节面的周围，前、后壁薄而松弛，两侧有韧带加强，并注意两侧韧带的强弱不同，同时体会踝关节的运动特点。

9. 跗骨间关节 在足的水平切面标本上观察，包括距跟关节、距跟舟关节、跟舟跖侧韧带及跟骰关节，注意体会各跗骨间关节的运动甚微。

10. 跗跖关节 在足的水平切面标本上观察，包括骰跖关节和楔跖关节。

11. 跖骨间关节 在足的水平切面标本上观察，属平面关节，活动甚微。

12. 跖趾关节 在足的水平切面标本上观察，只能做轻微的屈、伸和收展运动。

13. 趾骨间关节 在足的水平切面标本上观察，关节囊的两侧有副韧带，仅能做屈、伸运动。

14. 足弓 在足骨完整连结的标本上观察，包括内侧纵弓、外侧纵弓和横弓组成。

实训练习五

一、请辨认上肢关节与下肢关节的剖面图，在图 5-1 和图 5-2 上分别用小三角形图标标记该关节的关节囊，然后在横线处填写图中标示的其他结构名称。

1 _____
2 _____
3 _____

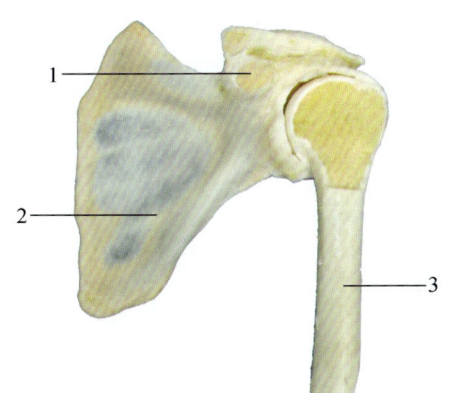

图 5-1　上肢关节剖面图

4 _____
5 _____
6 _____

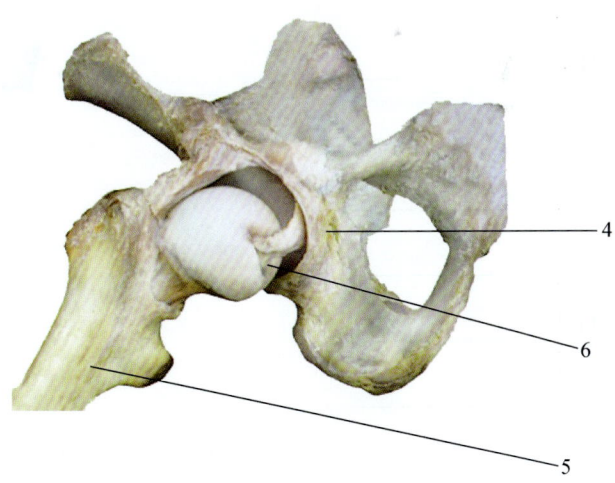

图 5-2　下肢关节剖面图

二、仔细观察男、女性骨盆标本，结合图 5-3 与图 5-4，在两图中同时标注为 A、B、C、D 的结构或提示处找出两者之间的区别，将内容填写在相应的横线上。

（一）男性盆骨

A _____
　_____
B _____
　_____
C _____
　_____
D _____
　_____

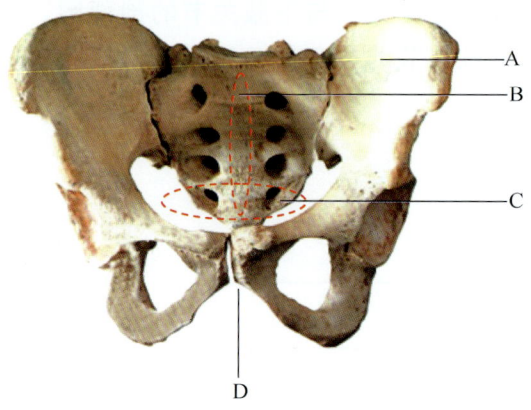

图 5-3　男性盆骨

（二）女性盆骨

A _____
　_____
B _____
　_____
C _____
　_____
D _____
　_____

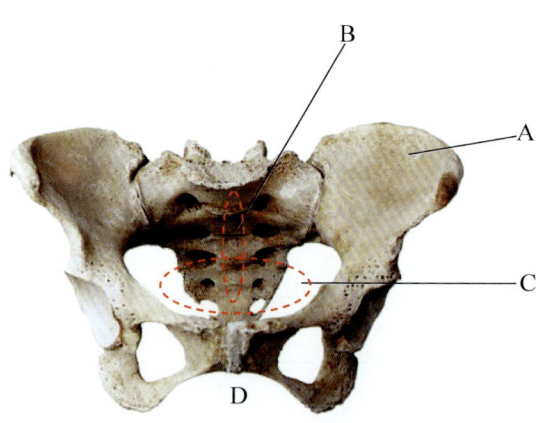

图 5-4　女性盆骨

三、分辨以下关节及其附属结构（图 5-5～5-7），在横线上填写它们的名称。

1 _____

2 _____

3 _____

4 _____

5 _____

6 _____

7 _____

8 _____

9 _____

10 _____

11 _____

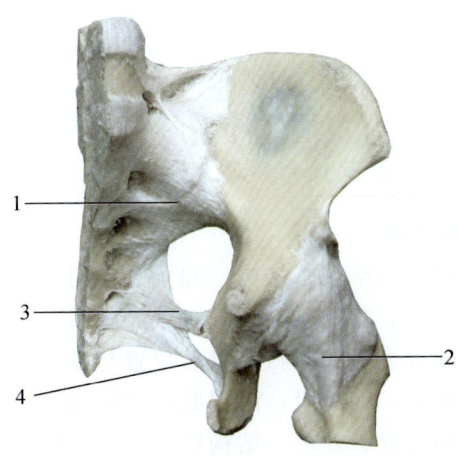

图 5-5　骶髂关节后面观

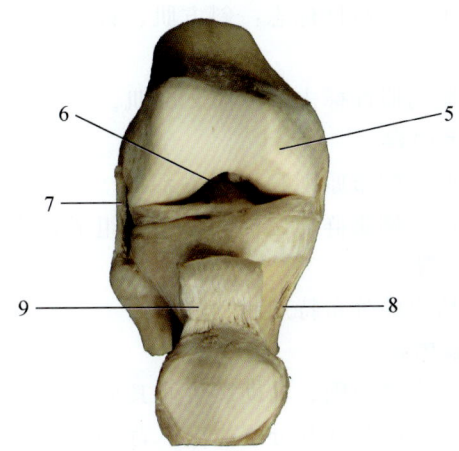

图 5-6　膝关节剖面观

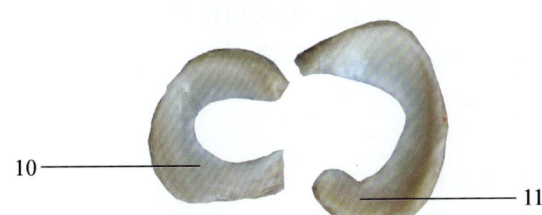

图 5-7　关节软骨

实验指导教师_____

_____年_____月_____日

实验六　肌概述、头肌、颈肌、躯干肌

【实验目的与要求】

➢ 掌握内容
1. 骨骼肌的形态、结构、起止和作用。
2. 斜方肌、背阔肌、竖脊肌（骶棘肌）的位置、起止。
3. 胸锁乳突肌和前斜角肌的位置与基本作用。
4. 胸大肌，胸小肌，前锯肌，肋间内、外肌的位置、起止概况和基本作用。
5. 膈的位置、外形、结构特点（中心腱、三个裂孔、薄弱区）和功能。
6. 腹外斜肌、腹内斜肌、腹横肌和腹直肌的起止概况、形态特点、所在部位和基本功能。
7. 躯干肌的肌性标志：斜方肌、背阔肌、竖脊肌（骶棘肌）、胸大肌、腹直肌和胸锁乳突肌。
8. 头肌的肌性标志：咬肌、颞肌。

➢ 熟悉内容
1. 肌群的配布原则和相互关系。
2. 腹前外侧肌群的位置、分层和组成，腹直肌鞘的组成和特点，腹股沟管及腹横筋膜的组成及位置。
3. 表情肌的分布特点和功能。

➢ 了解内容
1. 肌的命名原则、辅助装置及其血管神经的配布。
2. 躯干肌的分部和分层概况，背部浅、深层肌的位置和组成，背部筋膜的位置和配布。
3. 颈肌的位置、分群、各群肌的组成和功能。
4. 胸上肢肌、胸固有肌的位置和组成。
5. 腹后肌群的位置、组成和作用。
6. 表情肌、咀嚼肌的组成。

【实验教具】

1. 整体肌标本。
2. 头、颈肌标本，保留胸、腹壁，打开腹腔、去掉腹腔脏器，暴露膈肌的大体标本。
3. 去掉皮肤和浅筋膜的躯干肌标本。
4. 显示腹肌层次的标本。

【实验内容与教学方法】

以学生观察为主，辅以教师示教、巡回指导和课堂小结。先在整体肌标本上观察肌腹和肌腱，并观察浅筋膜和深筋膜的位置和区别，后比较头肌、颈肌、背肌、胸肌、腹肌的位置和不同,再逐一观察各躯干肌的位置、形态、起止点,最后观察膈肌的位置、形态和特殊结构。

(一) 肌的构造

1. 基本结构　分两部分:肌腹(暗红色,有弹性)和肌腱(白色,无弹性)。
2. 辅助装置　筋膜(浅筋膜和深筋膜)、滑膜囊、腱鞘。

(二) 头肌

头肌分面肌和咀嚼肌。

1. 面肌　包括颅顶肌、眼轮匝肌和口周围肌。

(1) 颅顶肌　阔而薄,左、右各有1块枕额肌,两端为肌腹(前端位于额部皮下,为额腹;后端位于枕部皮下,为枕腹),中间为白色的帽状腱膜。

(2) 眼轮匝肌　位于眼裂周围,呈扁椭圆形。

(3) 口周围肌　位于口裂周围,呈环形的为口轮匝肌;呈辐射状的为提上唇肌、颧肌、笑肌、提口角肌、降口角肌和降下唇肌等。其中,在颊部,位置较深,紧贴于颊部黏膜外,横位于上、下颌之间的肌为颊肌。

2. 咀嚼肌　主要有颞肌、咬肌、翼内肌和翼外肌。

(1) 颞肌　起自颞窝,肌束向下汇聚,经颧弓的深面止于下颌骨的冠突。

(2) 咬肌　位于下颌骨两侧,起自颧弓的下缘和内面,向后下止于下颌支和下颌角的外面。

(3) 翼内肌　位于颞下窝,起自翼窝,向下外方,止于下颌角的内面。

(4) 翼外肌　起于翼突,止于下颌颈。

(三) 颈肌

可分为颈浅和颈深肌群。重点观察以下内容结构:

1. 浅群

(1) 颈阔肌　位于颈前部两侧,为扁阔的皮肌。

(2) 胸锁乳突肌　斜列于颈部两侧,起自胸骨柄前面和锁骨的胸骨端,止于颞骨的乳突。

(3) 二腹肌　位于下颌骨和舌骨之间,有前、后两腹。前腹起自下颌骨二腹肌窝,斜向后下方;后腹起自乳突内侧,斜向前下。两个肌腹以中间腱相连,中间腱借筋膜形成滑车系于舌骨。

(4) 下颌舌骨肌　在二腹肌前腹的深部,起自下颌骨,止于舌骨。

(5) 茎突舌骨肌　位于二腹肌后腹之上,起自茎突,止于舌骨。

(6) 颏舌骨肌　在下颌舌骨肌深面,起自颏棘,止于舌骨。

(7) 胸骨舌骨肌　位于胸骨和舌骨之间,颈部正中线两侧,呈薄片带状。

(8) 肩胛舌骨肌　位于胸骨舌骨肌的外侧,为细长带状肌,有上、下腹和中间腱。

(9) 胸骨甲状肌　在胸骨舌骨肌深面。

(10) 甲状舌骨肌　小短肌,被胸骨舌骨肌遮盖,在胸骨甲状肌的上方。

2. 深群

(1) 前斜角肌　位于颈外侧,起自颈椎横突,止于第1肋。

(2) 中斜角肌　位于颈外侧,起自颈椎横突,止于第1肋,前斜角肌止点的后方。

(3) 后斜角肌　位于颈外侧,中斜角肌后外侧,起自颈椎横突,止于第2肋。

（四）背肌

分浅、中、深三层。浅层有斜方肌和背阔肌，中层有肩胛提肌和菱形肌，深层为竖脊肌。

1. 斜方肌　在项部和背上部的浅层，每侧有一三角形的阔肌，左、右两侧合在一起呈斜方形，即为斜方肌。该肌起自上项线、枕外隆凸、项韧带、第 7 颈椎和全部胸椎的棘突，上部的肌束斜向外下方，中部的平行向外，下部的斜向外上方，止于锁骨的外侧 1/3、肩峰和肩胛冈。

2. 背阔肌　在背的下半部及胸的后外侧浅层的一宽大扁肌，是全身最宽阔的肌肉。以腱膜起自下 6 个胸椎棘突、全部腰椎棘突、骶正中嵴及髂嵴后部，肌束向外上方集中，以扁腱止于肱骨结节间沟底。

3. 肩胛提肌　在斜方肌的深面，项部两侧，起自上 4 个颈椎横突，止于肩胛骨的上角。

4. 菱形肌　在斜方肌深面，背上部两侧，呈菱形。起自第 6、7 颈椎和第 1～4 胸椎的棘突，止于肩胛骨的内侧缘。

5. 竖脊肌　纵列于躯干背面脊柱两侧的沟内，起自骶骨背面和髂嵴的后部，向上分出 3 群肌束，沿途止于椎骨和肋骨，并到达颞骨乳突。

6. 胸腰筋膜　即分布在竖脊肌周围的筋膜。在腰部特别发达，筋膜明显增厚。

（五）胸肌

胸肌包括胸上肢肌和胸固有肌。

1. 胸大肌　在胸廓前壁浅层，呈扇形，宽而厚。起自锁骨的内侧半、胸骨和第 1～6 肋软骨等处。各部肌束聚合向外，以扁腱止于肱骨大结节嵴。

2. 胸小肌　位于胸大肌深面，呈三角形，起自第 3～5 肋骨，向外上止于肩胛骨的喙突。

3. 前锯肌　位于胸廓侧壁，以数个肌齿起自上 8 个或 9 个肋骨，肌束斜向上内方，经肩胛骨的前方，止于肩胛骨内侧缘和下角。

4. 肋间外肌　位于肋间隙的浅层，起自肋骨下缘，肌束斜向前下，止于下一肋骨的上缘，其前部肌束仅达肋骨和肋软骨结合处，在肋软骨间隙处，移行为肋间外膜。

5. 肋间内肌　位于肋间外肌的深面，肌束方向与肋间外肌相交叉，前部肌束仅达胸骨外侧缘，后部肌束只到肋角，此后为肋间内膜。

（六）膈

在打开胸、腹壁并暴露膈肌的大体标本上观察膈。膈是位于胸、腹腔之间呈穹隆形的扁肌。膈构成胸腔的底和腹腔的顶。其肌束起自胸廓下口的周缘和腰椎前面，可分为三部：胸骨部起自剑突后面；肋部起自下 6 对肋骨和肋软骨；腰部以左、右两个膈脚起自上 2～3 个腰椎。各部肌束均止于中央的腱性结构，即中心腱。

膈上有 3 个裂孔：在第 12 胸椎前方左、右两个膈脚与脊柱之间有主动脉裂孔，其中有主动脉和胸导管通过；主动脉裂孔的左前方，约在第 10 胸椎水平，有食管裂孔，孔内有食管和迷走神经通过；约平第 8 胸椎水平，在食管裂孔的右前上方的中心腱内有腔静脉孔，内有下腔静脉通过。

（七）腹肌

腹肌大多为阔肌，可分为腹前外侧壁肌和腹后壁肌两部分。

1. 腹外斜肌　为一宽阔扁肌，位置表浅，起自下位 8 个肋骨的外面，起始部呈锯齿状，肌束由外上斜向前下方，后部肌束向下止于髂嵴前部，上、中部肌束向内移行于腱膜经腹直肌的前面，并参与构成腹直肌鞘的前层，至腹正中线终于白线。

观察腹外斜肌腱膜形成的特殊结构：在髂前上棘与耻骨结节之间的腹股沟韧带，在耻骨结节外上方的腹股沟管浅环（皮下环）。

2. **腹内斜肌**　为位于腹外斜肌深面的扁肌。起始于胸腰筋膜、髂嵴和腹股沟韧带的外侧 1/2 或 1/3，肌束呈扇形，后部肌束几乎垂直上升止于下位 3 个肋骨，大部分肌束向前上方以不同斜度扩散移行为腱膜，在腹直肌外侧缘分为前、后两层，并包裹腹直肌参与构成腹直肌鞘的前、后两层，在腹正中线终于白线。

观察腹内斜肌形成的特殊结构：联合肌腱（腹股沟镰）和提睾肌。

3. **腹横肌**　为位于腹内斜肌深面的较薄扁肌。此肌起自下位 6 个肋软骨的内面、胸腰筋膜和腹股沟韧带的外侧 1/3，肌束横行向前，延续为腱膜，腱膜的上部与腹内斜肌腱膜后层愈合经腹直肌后方至腹白线，下部则和腹内斜肌腱膜后层一起经腹直肌的前方止于腹白线，分别构成腹直肌鞘的后层和前层。腹横肌最下部肌束参与构成提睾肌。

4. **腹直肌**　位于腹前壁正中线的两侧，为一对上宽下窄的带形多腹肌，居腹直肌鞘内。该肌起自耻骨联合和耻骨嵴，肌束向上止于剑突和第 5~7 肋软骨的前面。肌的全长被 3~4 条横行的腱划分成多个肌腹，腱划与腹直肌鞘的前层紧密结合，在腹直肌的后面，腱划不明显，未与腹直肌鞘的后层愈合而游离。

5. **腹前外侧肌群形成的特殊结构**

（1）腹直肌鞘　包裹腹直肌，分前、后两层。前层由腹外斜肌腱膜与腹内斜肌腱膜的前层愈合而成；后层由腹内斜肌腱膜后层与腹横肌腱膜愈合而成。打开腹直肌鞘前层，掀开腹直肌，可见在脐下 4~5 cm 处，鞘的后层缺如，游离的下缘呈凸向上的弧形线，为弓状线。在弓状线以下腹直肌的深面为为腹横筋膜。

（2）白线　位于腹前壁正中线上，介于左、右腹直肌鞘之间，由两侧的腹直肌鞘纤维彼此交织而成。

（3）腹股沟管　为腹股沟韧带内侧半上方的一长 4~5 cm 的斜行裂隙。在腹股沟管内，男性有精索，女性有子宫圆韧带通过。腹股沟管有两口、四壁，内口即腹股沟管深环，位于腹股沟韧带中点上方约 1.5 cm 处，为腹横筋膜向外的突出口，外口即腹股沟管浅环（皮下环），由腹外斜肌腱膜形成，居耻骨结节外上方；腹股沟管的前壁为腹外斜肌腱膜和部分腹内斜肌，后壁为腹横筋膜和联合腱，上壁为腹内斜肌和腹横肌的游离弓状下缘，下壁为腹股沟韧带。

（4）海氏（腹股沟）三角　位于腹前壁下部，即由腹直肌外侧缘、腹股沟韧带上缘和腹壁下动脉内缘构成的三角形区域。

6. **腹肌后群**　主要有腰大肌和腰方肌。

实训练习六

一、观察标本并与图 6-1 比较，在相应横线上填写该类别肌的分类名称。

1 _____

2 _____

3 _____

4 _____

5 _____

6 _____

7 _____

8 _____

9 _____

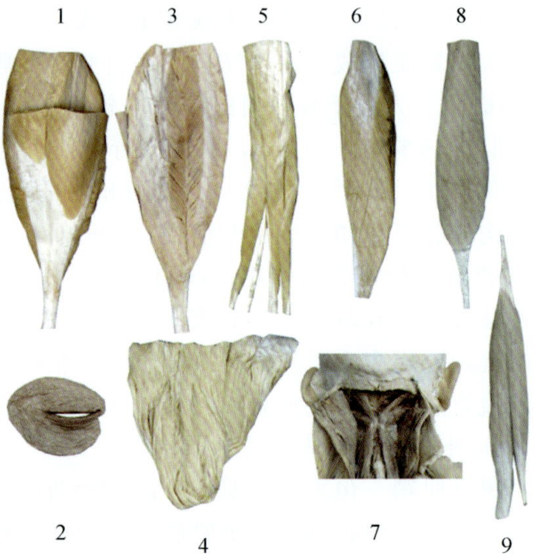

图 6-1　肌的形态

二、请在相应横线上填写图 6-2 中标示的颈肌名称，并写出肌肉的起点和止点。

1 _____
起点_____
止点_____

2 _____
起点_____
止点_____

3 _____
起点_____
止点_____

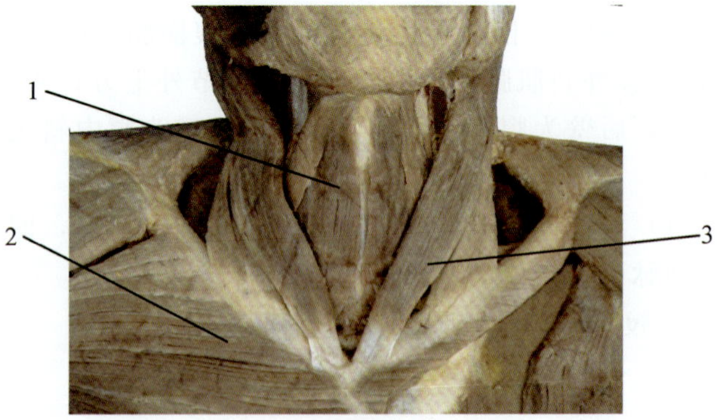

图 6-2　颈肌前面观

三、请在图 6-3 中找出前斜角肌、中斜角肌和第 1 肋骨，试着将其用线条连接起来。

前斜角肌

中斜角肌

第 1 肋骨

图 6-3　颈肌深层

四、试着在肌标本上找出胸壁浅层和深层的肌肉，与图 6-4、6-5 中的结构比较，将名称填写在横线上。

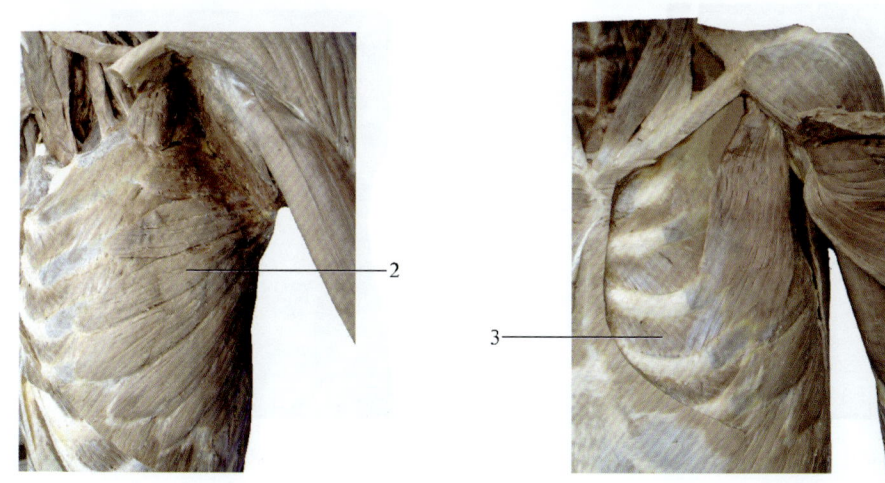

图 6-4　胸壁肌浅层　　　　　　　　图 6-5　胸壁肌深层

1 _____　　2 _____　　3 _____

五、从膈的各方向观察，请在图中用 1、2、3 三个数字标出其三个裂孔的位置，并填写这是膈肌的哪个方向观。

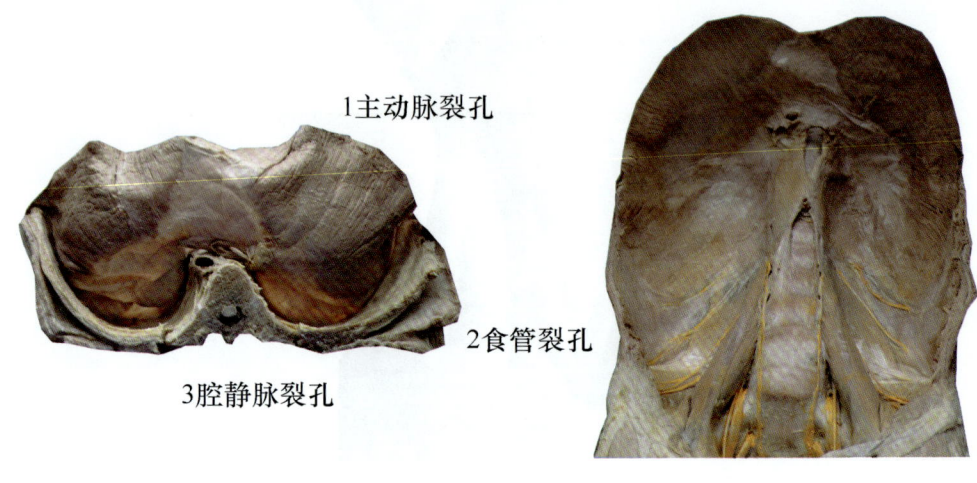

膈肌_____观   膈肌_____观

六、看图（图 6-6～6-8）填空。

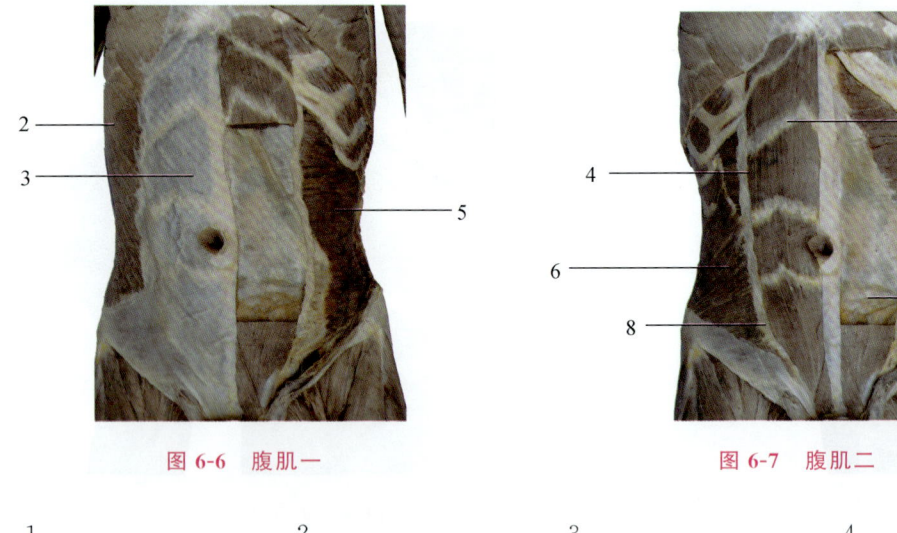

图 6-6　腹肌一　　　　　　　　　图 6-7　腹肌二

1 _____　　2 _____　　3 _____　　4 _____
5 _____　　6 _____　　7 _____　　8 _____

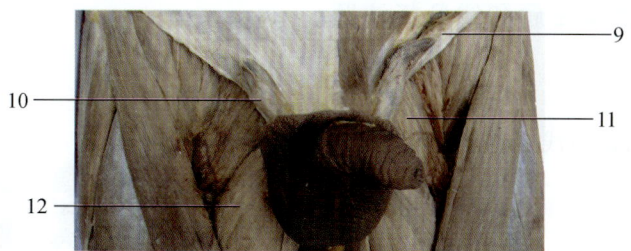

图 6-8　腹股沟区

9 _____　　　10 _____

11 _____　　　12 _____

七、在相应横线上填写图 6-9 和 6-10 中标示的肌肉及解剖结构名称。

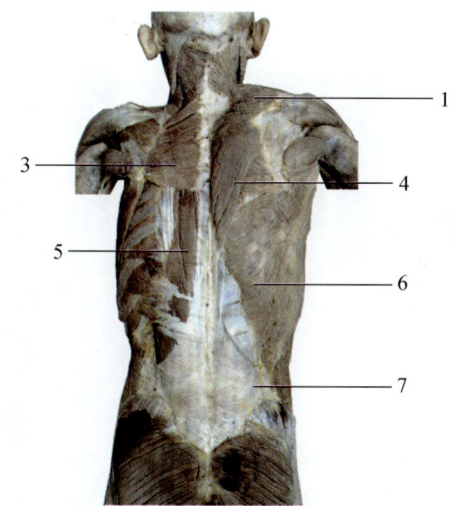
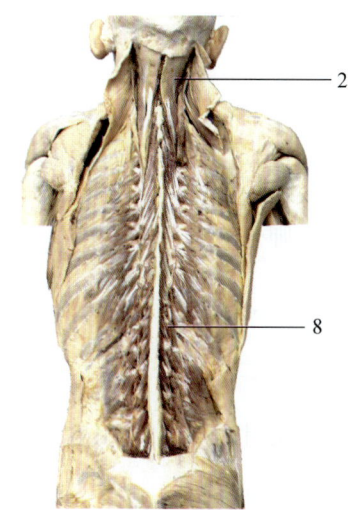

图 6-9　背肌浅层　　　　　　　图 6-10　背肌深层

1 _____　2 _____　3 _____　4 _____

5 _____　6 _____　7 _____　8 _____

八、综合分析题　在下面的几幅图中（图 6-11～6-14）比对解剖层次，按层次由浅入深的顺序，做填空题和线条标注题。

1. 哪幅图显示的是最浅层的肌肉？

   图 6-_____。

2. 哪幅图显示的是最深层的肌肉？

   图 6-_____。

3. 人体最强大的伸背肌是_____肌？

   请你在图中用线条标出。

图 6-11　背肌一　　　图 6-12　背肌二

4. 找出图中已解剖并显示的能外展、或下拉肩胛骨的肌，它们是_____、_____、_____、_____、_____。

5. 请将上题中写出的肌用数字在图中正确地标出来。

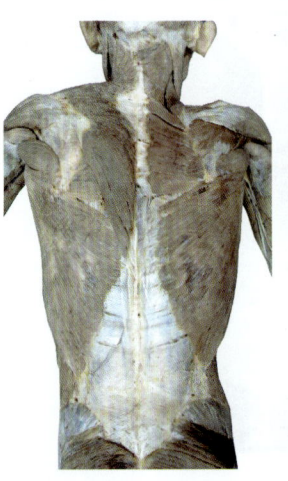 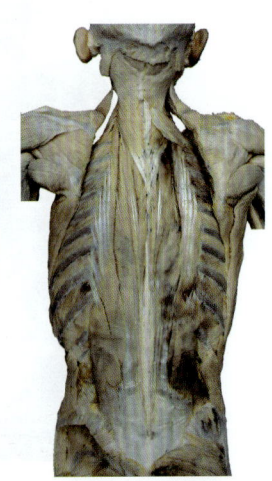

图 6-13　背肌三　　　图 6-14　背肌四

实验指导教师_____

_____年_____月_____日

实验七　上肢肌

【实验目的与要求】

➢ **掌握内容**

1. 三角肌和大圆肌的位置、起止概况和作用。
2. 肱二头肌和肱三头肌的位置、起止概况和作用。
3. 肱桡肌、旋前圆肌、桡侧腕屈肌、掌长肌、尺侧腕屈肌、指浅屈肌、指深屈肌、拇长屈肌、旋后肌的位置、起止概况及作用。
4. 上肢肌的肌性标志（三角肌、肱二头肌、桡侧腕屈肌腱、掌长肌腱、尺侧腕屈肌腱、拇长展肌腱、拇短伸肌腱和指总伸肌腱）。

➢ **熟悉内容**

1. 前臂其他各肌的位置与作用。
2. 手肌的分群和各肌的位置与作用。

➢ **了解内容**

1. 上肢肌的分部、分群、分层和排列概况。
2. 肩带肌的位置、组成和功能，臂肌分群的肌群的组成及功能。
3. 前臂肌的分群、分层、排列和作用。
4. 腋窝、三边孔、四边孔、肘窝和腕管的组成和境界。

【实验教具】

上肢肌标本。

【实验内容与教学方法】

学生观察为主，辅以教师示教和课堂小结。先在上肢肌标本上比较各肌的位置和不同，然后再观察上肢各肌的形态、起止点。

上肢肌包括肩肌、臂肌、前臂肌和手肌。重点观察以下内容：

1. 三角肌　位于肩部，呈三角形。起自锁骨的外侧段、肩峰和肩胛冈，肌束从前、外、后包裹肩关节，向外下方集中，止于肱骨的三角肌粗隆。

2. 冈上肌　位于斜方肌深面，居冈上窝内。起自肩胛骨的冈上窝，肌束向外经肩峰和喙肩韧带的下方，跨肩关节止于肱骨大结节上部。

3. 冈下肌　位于冈下窝内，起自冈下窝，肌束向外经肩关节后面，止于肱骨大结节的中部。

4. 小圆肌　位于冈下肌的下方，起自肩胛骨外侧缘2/3的背侧面，止于肱骨大结节的下部。

5. 大圆肌　位于小圆肌的下方，其下缘被背阔肌包绕。起自肩胛骨下角的背侧面，肌束向外上方，止于肱骨小结节嵴。

6. 肩胛下肌　位于肩胛下窝内，起自肩胛下窝，肌束向上外经肩关节的前方，止于肱骨小结节。

7. 肱二头肌　位于臂部，呈梭形，有两个头。长头居外侧，以长腱起自肩胛骨的盂上结节，通过肩关节囊，经结节间沟下降。短头居内侧，起自肩胛骨喙突，两个头在臂的下部合并以一个腱止于桡骨粗隆。在肘窝前方，肱二头肌腱在止于桡骨粗隆前分出一扁薄的肱二头肌腱行向内下，与前臂深筋膜结合。

8. 喙肱肌　在肱二头肌短头的后内方，起自肩胛骨喙突，止于肱骨中部的内侧。

9. 肱肌　位于肱二头肌下半部的深面，起自肱骨下半的前面，止于尺骨粗隆。

10. 肱三头肌　位于臂后部，起端有三个头。长头居中，起自肩胛骨盂下结节，向下经大、小圆肌之间；内侧头在长头的内下方，起自桡神经沟以下的骨面；外侧头在长头的外上方，起自肱骨后面桡神经沟外上方的骨面。三个头向下汇合成一个坚韧的腱，止于尺骨鹰嘴。

11. 前臂前群肌　在前臂前面观察，可见到四层肌肉。

第一层：有5块，自桡侧向尺侧依次为肱桡肌、旋前圆肌、桡侧腕屈肌、掌长肌、尺侧腕屈肌。

第二层：为一块指浅屈肌。

第三层：有2块肌，即位于桡侧的拇长屈肌和位于尺侧的指深屈肌。

第四层：即旋前方肌，位于尺桡骨下部前方，呈扁平四方形，起自尺骨，止于桡骨。

12. 前臂后群肌　分浅、深两层。

（1）浅层　有5块，自桡侧向尺侧依次为桡侧腕长伸肌、桡侧腕短伸肌、指伸肌、小指伸肌和尺侧腕伸肌。这5块肌以一个共同的肌腱起自肱骨外上髁，止点各不同。

（2）深层　5块肌，由外上向内下依次为旋后肌、拇长展肌、拇短伸肌、拇长伸肌和示指伸肌。

13. 手肌　主要分布在手掌，可分为三群。

（1）外侧群　形成鱼际的4块肌，包括拇短展肌（浅层外侧）、拇短屈肌（浅层内侧）、拇对掌肌（拇短展肌深方）、拇收肌（拇对掌肌的内侧）。

（2）内侧群　形成小鱼际的3块肌，包括小指展肌（浅层内侧）、小指短屈肌（浅层外侧）、小指对掌肌（小指展肌和小指短屈肌的深方）。

（3）中间群　包括4块蚓状肌和7块骨间肌。

实训练习七

一、观察标本并与图 7-1 比较，在相应横线上填写图中标示的肌的名称。

1 _____

2 _____

3 _____

4 _____

5 _____

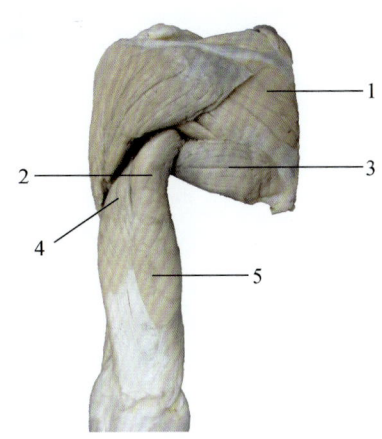

图 7-1　肩肌后面观

二、请在相应横线上填写图 7-2 中标示的肩肌名称，并写出"5"标示的肌肉的起点和止点。

1 _____

2 _____

3 _____

4 _____

5 肌的起点：_____

　　　　　_____

　止点：_____

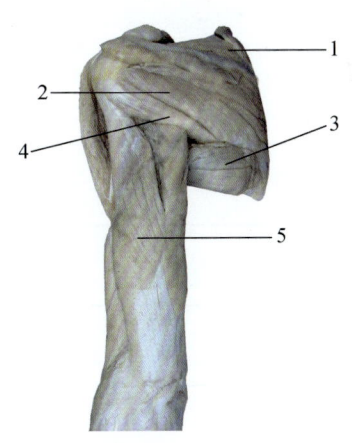

图 7-2　肩肌后面观深层

三、请在图 7-3 中找出喙肱肌、肱肌和肱二头肌的长头以及短头肌腱，注意比较它们的起、止点和走行方向，试用线条连接起来。

1 喙肱肌

2 肱二头肌长头

3 肱肌

4 肱二头肌短头

图 7-3　肩肌前面观

四、试着在肌标本上找出前臂浅层、深层的肌及其肌腱，注意它们的前、后群位置及其层次结构，并与图 7-4 和图 7-5 中标示的结构比较，在相应横线上填写名称。

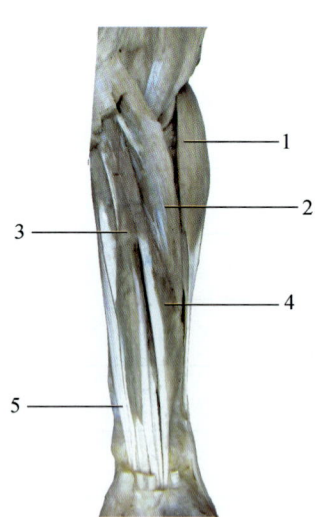

1 _____

2 _____

3 _____

4 _____

5 _____

图 7-4　左前臂肌前面观

6 _____

7 _____

8 _____

9 _____

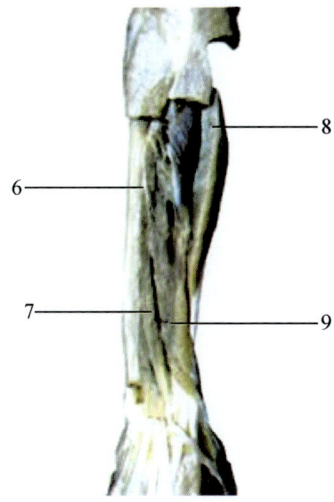

图 7-5　右前臂肌后面观

五、看图（图 7-6～图 7-8）填空。

1 _____

2 _____

3 _____

4 _____

5 _____

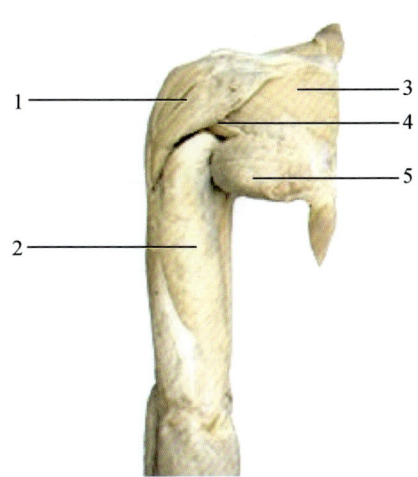

图 7-6　肩肌浅层后面观

42　实训练习七

6 _____

7 _____

8 _____

9 _____

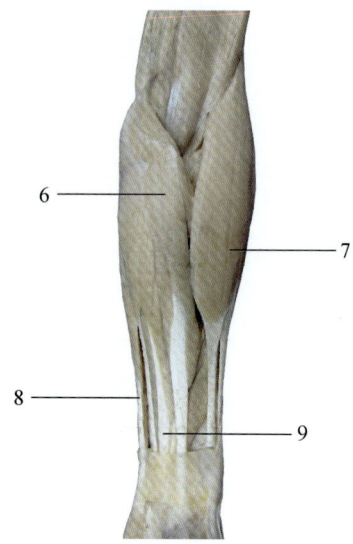

图 7-7　左前臂肌前面浅层

10 _____

11 _____

12 _____

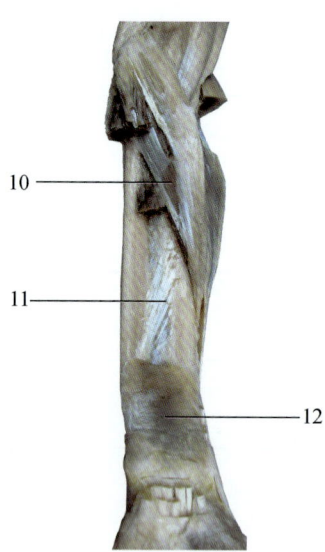

图 7-8　左前臂肌前面深层

六、综合分析题　根据以下表格中所列要求做动作，并对应观察标本和活体上显现的肌腱形态，填写表格。

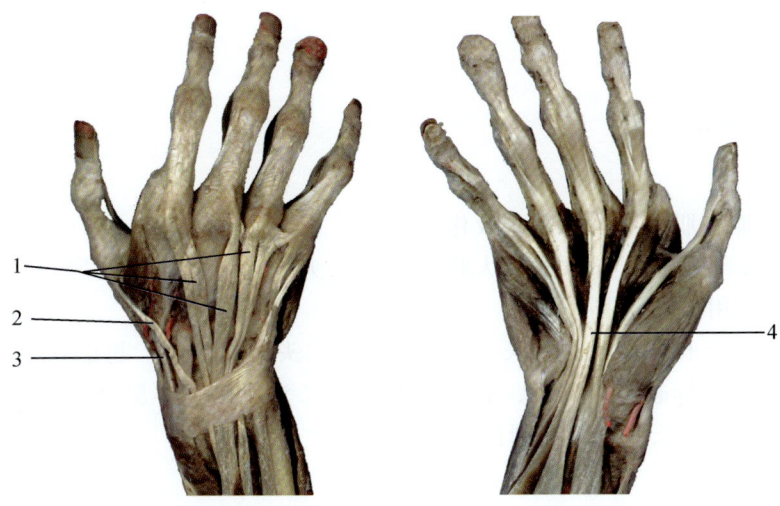

图7-9　手的肌腱背面观　　　　图7-10　手的肌腱前面观

肌腱序号名称	所做动作	肌的名称	该肌的功能
1（　　　）	伸直示指、中指、无名指		
2（　　　）	握拳、竖起大拇指		
3（　　　）	先竖起大拇指，再做大拇指外展和内收的动作		
4（　　　）	先握紧拳屈腕关节，再做中指的屈、伸动作		

实验指导教师_____

_____年_____月_____日

实验八　盆底肌与下肢肌

【实验目的与要求】

➢ 掌握内容
1. 臀大肌和髂腰肌的位置、起止及作用。
2. 股四头肌、缝匠肌、长收肌、大收肌、股二头肌、半腱肌和半膜肌的位置、形态特点、起止概况和作用。
3. 胫骨前肌、趾长伸肌、腓骨长、短肌和小腿三头肌的位置、起止概况与作用。
4. 下肢肌的肌性标志：臀大肌、股四头肌、股二头肌腱、半腱肌、半膜肌腱、小腿三头肌和跟腱、足背的趾长伸肌腱和踇长伸肌腱。

➢ 熟悉内容
1. 梨状肌的位置。
2. 股三角、收肌管和腘窝的组成、境界。

➢ 了解内容
1. 下肢肌的分部、分群、分层和排列概况。
2. 髋肌的位置、组成和功能。
3. 大腿肌的分群和各群肌的组成与功能。
4. 小腿肌的分群和各群肌的组成与功能、小腿肌后群深层各肌的位置与作用。
5. 足肌和足底肌的分群、位置与作用。

【实验教具】

1. 盆部肌及盆底肌标本和示盆底肌的模型。
2. 下肢肌标本、骨盆正中矢状切面标本、骨盆与股骨连结标本。

【实验内容与教学方法】

学生观察为主，辅以教师示教和课堂小结。在盆部肌标本上观察各盆底肌的位置、形态。在下肢肌标本上观察下肢各肌的位置、形态、起止点。重点观察臀肌、大腿肌、小腿肌的位置、形态和特殊结构。

（一）盆底肌

包括盆膈肌和会阴肌两部分。盆膈肌主要由肛提肌和尾骨肌构成。

1. 肛提肌　为一对宽的薄肌，两侧汇合成尖向下的漏斗形，起自小骨盆侧壁，纤维向后下止于前列腺（阴道）、直肠壁和尾骨。
2. 尾骨肌　贴附于骶棘韧带内面，起自坐骨棘，呈扇形止于骶、尾骨侧缘。
3. 会阴肌　分尿生殖三角肌和肛门三角肌两群。尿生殖三角肌的浅层有会阴浅横肌、球海绵体肌和坐骨海绵体肌，深层有会阴深横肌和尿道括约肌。肛门三角肌主要为肛门外括约肌。

（二）髋肌

位于髋关节周围，数目较多。主要有以下 8 种：

1. 髂腰肌　由腰大肌、髂肌组成。腰大肌起自腰椎体两侧面和横突，肌束向外下方走行。髂肌起自髂窝，呈扇形，两肌向下相互结合，经腹股沟韧带深面和髋关节前内侧，止于股骨小转子。

2. 阔筋膜张肌　位于大腿上部前外侧，起自髂前上棘，肌腹在阔筋膜（位于大腿部的深筋膜）两层之间，向下移行于髂胫束，止于胫骨外侧髁。

3. 臀大肌　位于臀部浅层，大而肥厚。起自髂骨翼外面和骶骨背面，肌束斜向下，止于髂胫束和股骨的臀肌粗隆。

4. 臀中肌　位于臀大肌的深面，为一块扇形肌，起自髂翼外面，止于股骨大转子。

5. 臀小肌　位于臀中肌深面（掀开臀中肌即可见到），呈扇形，与臀中肌皆起自髂翼外面，肌束向下集中形成短腱，止于股骨大转子。

6. 梨状肌　位于臀大肌深面、臀中肌的下方。该肌起自骨盆骶前孔的外侧，穿出坐骨大孔到臀部，止于股骨大转子。

7. 闭孔内肌　在骨盆正中矢状切面标本上（去掉盆内脏器及腹膜壁层）可见闭孔膜内侧有一块肌，即为闭孔内肌。此肌起自闭孔膜内面及其周围骨面，肌束向后集中成为肌腱，由坐骨小孔出盆腔转折向外，止于转子窝。

8. 闭孔外肌　在骨盆与股骨相连结的标本上观察，该肌起自闭孔膜外面，经股骨颈后方，止于转子窝。

（三）大腿肌

分前群、内侧群和后群，逐一观察。

1. 大腿前群肌　包括缝匠肌和股四头肌。

（1）缝匠肌　为大腿前面的一条斜行的扁带状肌，起自髂前上棘，经大腿的前面转向内侧，止于胫骨上端的内侧面。

（2）股四头肌　位于大腿前面，有四个头，分别为股直肌、股内侧肌、股外侧肌和股中间肌。其中股直肌位于中部浅层，起自髂前下棘；股内侧肌、股外侧肌分居于股直肌的两侧，分别起自股骨粗线的内、外侧唇；股中间肌位于股直肌的深面，起自股骨体的前面。四个头向下形成一个强大的肌腱，包绕髌骨的前面和两侧，继而下延为髌韧带，止于胫骨粗隆。

2. 大腿内侧群肌　共有 5 块，分三层排列。

（1）浅层　有 3 块，自外侧向内侧依次为耻骨肌、长收肌和股薄肌。

（2）中层　只有 1 块，即短收肌，在耻骨肌和长收肌的深面。

（3）深层　是 1 块大收肌，在短收肌的深方，为一宽而厚的三角形肌。

内侧群肌均起自闭孔周围的耻骨支、坐骨支和坐骨结节等骨面，除股薄肌止于胫骨上端的内侧以外，其他各肌都止于股骨粗线。

3. 大腿后群肌　位于大腿后面，共有 3 块肌。

（1）外侧为股二头肌，有长、短两个头。长头起自坐骨结节，短头起自股骨粗线，两头合并后以长腱止于腓骨头。

（2）内侧有浅、深两块。浅部的为半腱肌，肌腱细长，几乎占肌的一半，与股二头肌长头一同起自坐骨结节，止于胫骨上端的内侧。深部的为半膜肌，以扁薄的腱膜起自坐骨结节，薄腱膜几乎占肌的一半，肌的下端以腱止于胫骨内侧髁的后面。

（四）小腿肌

围绕在胫、腓骨周围，分前群、外侧群和后群。

1. 小腿前群肌　位于小腿前外侧，分浅、深两层。

（1）浅层　有2块，即位于内侧的胫骨前肌和外侧的趾长伸肌。

（2）深层　只有1块肌，为姆长伸肌，位于胫骨前肌和趾长伸肌的深面，起自腓骨内侧面的中份和骨间膜，肌腱经足背，止于姆趾远节趾骨底。

2. 小腿外侧肌群　有腓骨长肌和腓骨短肌。浅部为腓骨长肌，深部为腓骨短肌。两肌均起自腓骨的外侧面，腓骨长肌起点较高，并覆盖腓骨短肌。

3. 小腿后群肌　分浅、深两层。

（1）浅层　为小腿三头肌。其中，两个头位置表浅，又称腓肠肌，另一个头位置较深，为比目鱼肌。腓肠肌的内、外侧两个头起自股骨内、外侧髁的骨面，两头相合，约在小腿中点移行为腱。比目鱼肌起自腓骨后面的上部和胫骨的比目鱼肌线。三个头会合，向下续为跟腱，止于跟骨。

（2）深层　有4块肌。其中1块在上方，为腘肌，另外3块在下方，居中的为胫骨后肌，内侧的为趾长屈肌，外侧的为姆长屈肌。

（五）足肌

分足背肌和足底肌。

1. 足背肌　较弱小，主要有姆短伸肌和趾短伸肌。

2. 足底肌　分3群。

（1）内侧群　在姆趾一侧，有姆收肌、姆短屈肌和姆展肌。

（2）中间群　位于足底中部，主要有足底方肌、趾短屈肌、蚓状肌、骨间足底肌、骨间背侧肌。

（3）外侧群　在小趾一侧，有小趾展肌和小趾短屈肌。

实训练习八

一、观察标本并与图 8-1 比较，在相应横线上填写图中标示的解剖结构名称。

1 _____

2 _____

3 _____ 韧带

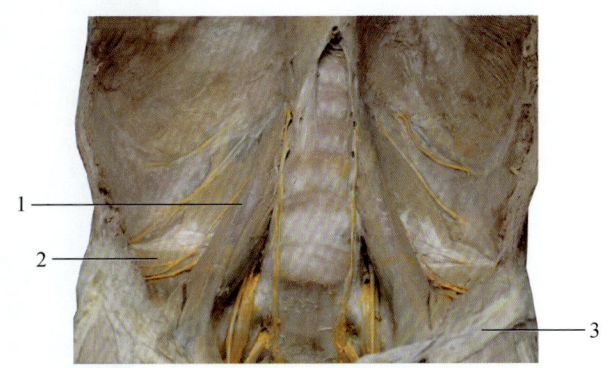

图 8-1　下肢肌

二、请在相应横线上填写图 8-2 中标示的下肢肌名称，并写出其起点和止点。

1 _____

起点：_____

止点：_____

2 _____

起点：_____

止点：_____

3 _____

起点：_____

止点：_____

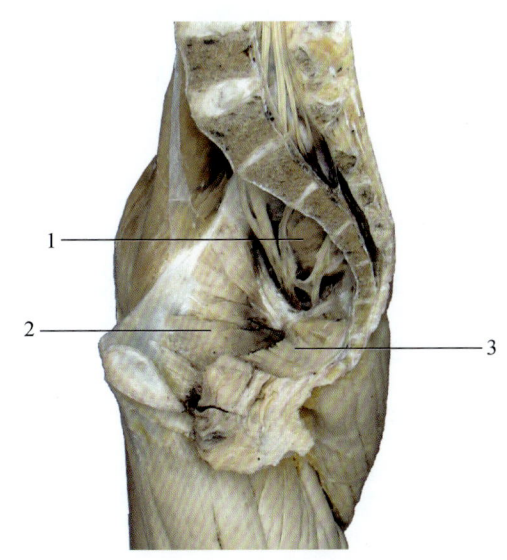

图 8-2　盆底肌

48　实训练习八

三、请在图 8-3 中找出缝匠肌、股直肌、阔筋膜张肌、耻骨肌和长收肌，试着将其用直线连接起来。

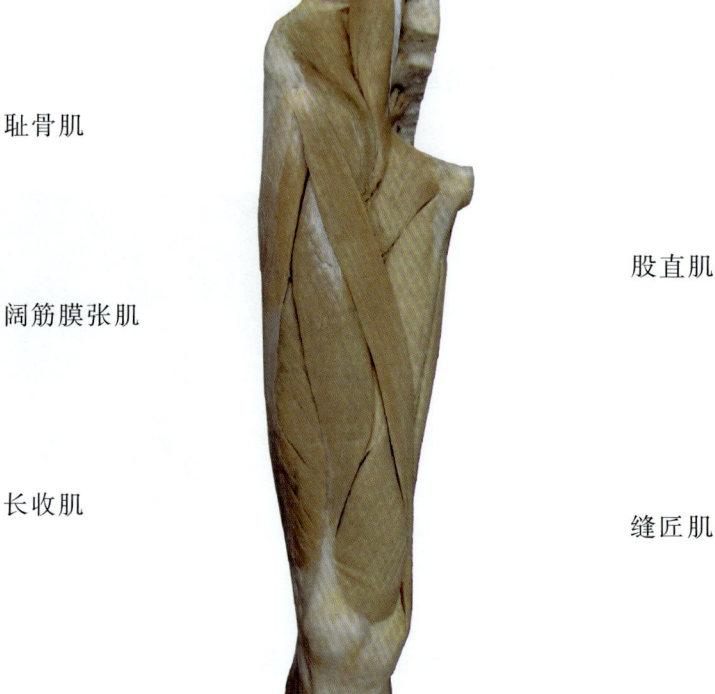

图 8-3　大腿肌前面观

四、试着在肌标本上找出大腿后面的肌肉，与图 8-4 中的结构比较，将名称填写在横线上。

1 _____

2 _____

3 _____

4 _____

5 _____

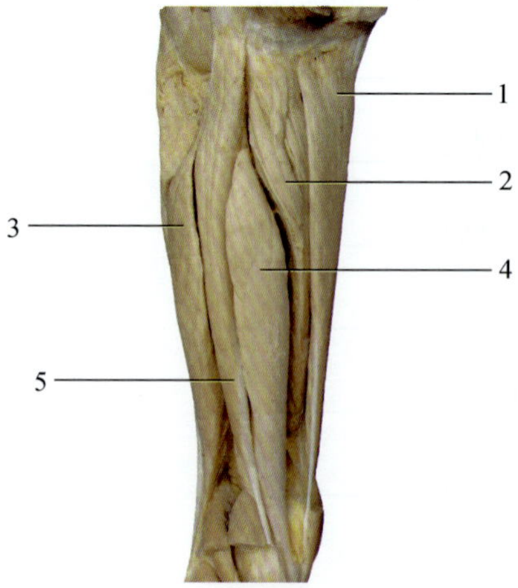

图 8-4　大腿肌后面观

五、比较臀部深层肌的层次，找出图 8-5 和图 8-6 的不同层次的肌所在的位置，在相应横线上填写图中标示出的肌的名称，注意它们的区别。

1 _____
2 _____
3 _____
4 _____
5 _____

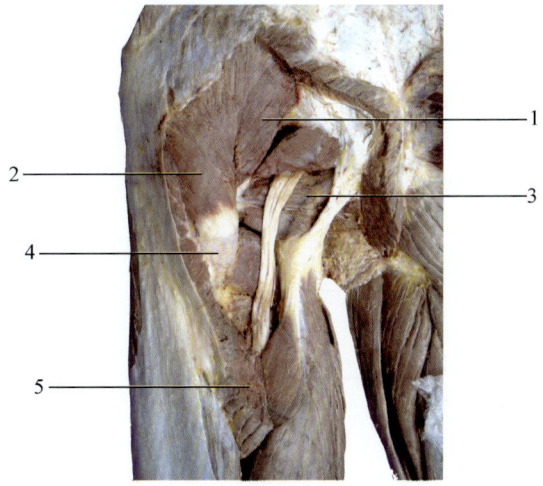

图 8-5　臀肌深层一

6 _____
7 _____
8 _____
9 _____
10 _____

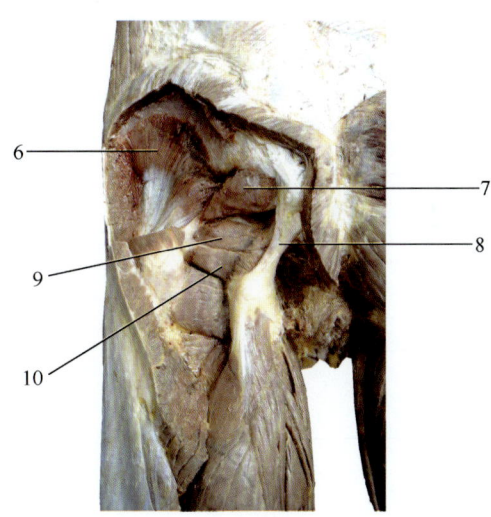

图 8-6　臀肌深层二

50　实训练习八

七、看图（图 8-7～图 8-8）填空。

1 _____

2 _____

3 _____

4 _____

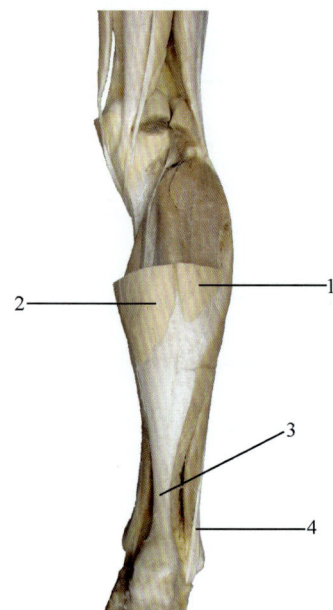

图 8-7　小腿肌后面观

5 _____

6 _____

7 _____

8 _____

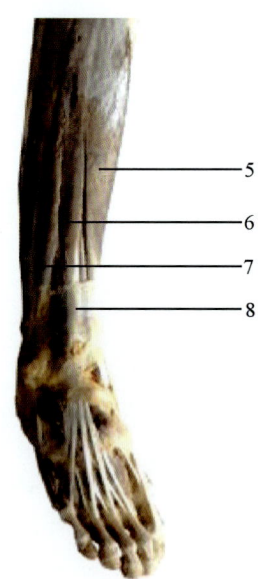

图 8-8　小腿肌前面观

八、综合分析题　根据以下表格所列要求做动作，并对应观察标本和活体上显现的肌腱形态，将图 8-9 和图 8-10 中标示的结构关联内容填在表格中。

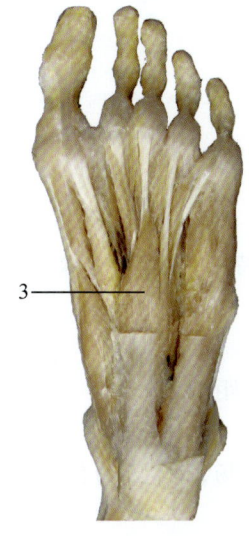

图 8-9　足底的肌和肌腱

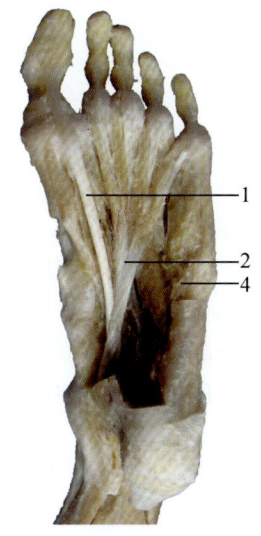

图 8-10　足底深层的肌和肌腱

肌腱或肌序号名称	所做动作	肌的名称	该肌的功能
1（　　　）	足自然弯曲，踇趾做屈、伸运动		
2（　　　）	足尖绷直，脚趾做屈、伸运动		
3（　　　）	足自然弯曲，脚趾做屈、伸运动		
4（　　　）	足自然弯曲，小脚趾做向外伸、展运动		

实验指导教师_____

_____年_____月_____日

实验九　消化系统

【实验目的与要求】

▶ 掌握内容

1. 胸腹部的标志线及腹部分区。
2. 咽峡的构成，牙的形态和构造，舌的形态和黏膜特征，大唾液腺的形态、位置及导管开口部位。
3. 咽的位置、分部以及各部的形态、结构和交通。
4. 食管的形态、位置及各部狭窄部位（包括距切牙的距离）。
5. 胃的形态、分部、位置。
6. 十二指肠的形态、位置、分部及各部的特征，空肠、回肠的位置、形态及其结构特点。
7. 大肠的分部及结肠的分部、位置及形态、结构特点，盲肠和阑尾的位置、形态，阑尾根部的体表投影，直肠的形态、位置和构造。
8. 肝的形态（分叶、肝门）、位置（成人、小儿），胆囊的形态、位置及胆囊底的体表投影，输胆管道的组成，胆总管与胰管的汇合、开口部位及胆汁的排放途径。
9. 胰的形态、位置。

▶ 熟悉内容

1. 内脏的概念（范围、结构特点、主要功能）。
2. 乳牙、恒牙的牙式，腭的形态结构。
3. 各扁桃体的位置和功能。
4. 小肠的分部、肝的体表投影。

▶ 了解内容

1. 内脏各系统之间以及与身体其他系统之间的关系，内脏的一般形态和构造，消化系统的组成和功能。
2. 口腔各分部及其境界，唇、颊和腭的形态，舌肌的起止、位置和作用。
3. 咽壁、食管壁、胃壁、肠壁的结构。
4. 肝的主要功能和肝段的概念、胆囊的功能、胰的主要功能。

【实验教具】

1. 胸腔及腹腔脏器整体标本。
2. 各种牙齿标本、模型。
3. 头颈部正中矢状切面标本。
4. 切开咽后壁的标本和模型。
5. 舌标本和模型。
6. 三对唾液腺模型。

7. 食管、主动脉与气管联合模型。
8. 胃离体标本和模型。
9. 胰和十二指肠标本和模型。
10. 空、回肠瓶装标本。
11. 盲肠与阑尾瓶装标本。
12. 直肠瓶装标本和模型。
13. 肝离体标本和模型。
14. 肝、十二指肠及胆道系统瓶装标本。

【实验内容与教学方法】

（一）消化管

1. 口腔

（1）口腔的境界与分部　两人一组，活体观察口腔的境界和分部。

口腔的境界：

前壁与侧壁——上、下唇及颊。上唇中线有人中；上唇与颊之间有鼻唇沟。

上壁——硬腭和软腭。硬腭，占前 2/3，由上颌骨的腭突及腭骨水平板构成，表面覆以黏膜；软腭，占后 1/3，其后部向下倾斜称腭帆，腭帆的后缘游离，中央有一乳突状突起，称腭垂或悬雍垂，自腭帆向两侧各形成前后两条弓形皱襞，前方为腭舌弓，后方为腭咽弓。

下壁——为封闭口腔底的肌肉、黏膜和舌。

口腔的分部：

口腔借上、下牙弓分为两部：口腔前庭，位于牙弓与上、下唇之间，经口裂与外界相通；固有口腔，位于牙弓的后内侧部，向后经咽峡通咽。

咽峡的组成：咽峡由腭帆的游离缘、腭垂、两侧的腭舌弓和舌根共同围成口腔通咽的狭窄之处，是口腔与咽的分界。

（2）牙　牙是人体最坚硬的器官，嵌于上、下颌骨的牙槽内。在人的一生中，先后有两套牙齿发生，分别称为乳牙和恒牙。其中恒牙可分为切牙、尖牙、前磨牙和磨牙 4 种。

分别观察各种牙的形态和构造。

（3）舌　在舌标本和模型上观察舌的形态和构造。舌为表面覆以黏膜的肌性器官。

①舌的形态：舌背面，有呈"八"字形的界沟，沟后 1/3 为舌根，沟前 2/3 为舌体，舌体的前端为舌尖；舌腹面，有舌系带、舌下阜、舌下襞。

②舌的构造：舌为肌性器官，表面被以黏膜。

舌肌（骨骼肌）：舌内肌，起、止均在舌内，收缩时可改变舌的形状，有纵、横、垂直三种肌纤维方向；舌外肌，起于舌外，止于舌内，收缩时改变舌的位置。舌外肌包括舌骨舌肌、茎突舌肌和颏舌肌（注意颏舌肌的作用）。

舌黏膜：活体的舌黏膜呈淡红色。在舌根部有呈结节状、内含淋巴的组织，称舌扁桃体；舌体部有众多的小突起，称舌乳头，如丝状乳头、菌状乳头、叶状乳头和界沟前方呈"八"字形排列、体积较大的轮廓乳头。

（4）口腔腺　在三对唾液腺标本上观察口腔腺的形态、位置及导管开口部位。

①腮腺　位于外耳道的前方和下方、咬肌的后缘及下颌后窝内，略呈三角形。腮腺管自腮腺前缘穿出，在颧弓下一横指处，横过咬肌的表面，穿颊肌开口平对上颌第二磨牙的颊

黏膜。

②下颌下腺　呈卵圆形，位于下颌骨体内面的下颌下腺凹内。其导管开口于舌下阜。

③舌下腺　位于口腔底舌下襞的深面，其小管开口于舌下襞，大管开口于舌下阜。

2. 咽　在头颈部正中矢状面标本上观察咽的位置、分部及连通部位。

(1) 咽的位置　咽位于第1～6颈椎的前方，鼻腔、口腔和喉的后方。上附于颅底，下平第6颈椎下缘续食管。咽是消化道和呼吸道的共同通道。

(2) 咽的形态　咽是呈前后略扁、上宽下窄的漏斗形肌性管道，其前壁分别与鼻腔、口腔和喉腔相通。全长11～13 cm。

(3) 咽的分部　鼻咽：以软腭与口咽分界，其侧壁上有咽鼓管咽口、咽鼓管圆枕、咽隐窝。口咽：腭扁桃体、会厌谷。喉咽：梨状隐窝。

(4) 咽淋巴环　由舌扁桃体、腭扁桃体、咽扁桃体组成。

3. 食管　在食管、主动脉与气管联合模型上观察食管的位置、毗邻关系、分部。

(1) 位置　在第6颈椎下缘接咽，沿脊柱前方下降，穿过膈肌食管裂孔入腹腔，于第11胸椎左侧与胃的贲门相续。

(2) 形态　呈前后扁窄的肌性管道，是消化管最狭窄的部分，全长约25 cm。

(3) 分部与狭窄　食管全长可分为颈部、胸部和腹部三部分。食管全长有三处生理性狭窄：第一狭窄（颈狭窄），位于第6颈椎下缘，即食管的起始部，距中切牙约15 cm；第二狭窄（支气管狭窄），在与左主支气管交叉处，距中切牙约25 cm；第三狭窄（膈狭窄），在食管穿膈食管裂孔处，平第10胸椎水平，距中切牙约40 cm。

4. 胃　在胸腔及腹腔脏器整体标本上观察胃的位置及毗邻关系，在胃离体标本和模型上观察胃的形态、分部及胃壁的构造。

(1) 胃的位置与毗邻　胃大部分居左季肋区，小部分居腹上区。贲门居第11胸椎体左侧，幽门居第1腰椎体右侧。胃前壁右侧部邻肝左叶脏面，左侧部邻膈，并为左肋弓掩盖，中间部位于剑突下方与腹前壁相贴，该部是胃的触诊部位；胃后壁与胰、左肾、左肾上腺相邻。胃底与脾和膈相邻。

(2) 胃的形态与分部　胃的形态有前、后两壁，大、小两弯和上、下两口。胃小弯，凹向右上方，其最低处称角切迹，胃大弯，凸向左下方，较小弯长；上口（入口）称贲门，居第11胸椎体左侧，接食管，下口（出口）称幽门，居第1腰椎体右侧，连通十二指肠。

胃可分为贲门部、胃体、胃底和幽门部，其中幽门部又以中间沟分为幽门窦和幽门管。胃小弯和幽门部是溃疡病和肿瘤的好发部位。

(3) 胃壁的构造　胃壁由四层构成。黏膜形成皱襞，在幽门和贲门处呈放射状排列，在小弯处形成4～5条较恒定的纵行皱襞，这些纵行皱襞之间的纵沟称胃道，食糜可沿这些胃道流入十二指肠。在幽门处，胃黏膜形成环行皱襞，称幽门瓣，有阻止胃内容物快速进入十二指肠的作用。黏膜下层疏松，富有血管神经等。肌层较厚，由内斜、中环、外纵三层平滑肌组成，其中环行肌在幽门处增厚，形成幽门括约肌。最外层为浆膜。

5. 小肠　在胸腔及腹腔脏器整体标本上观察小肠的位置，在瓶装标本上观察空、回肠的特点。

小肠是消化管中最长的一段，是消化吸收的主要场所。上续胃的幽门，下接盲肠，全长5～7 m，可分为十二指肠、空肠和回肠三部分。

(1) 十二指肠　呈"C"字形，环抱胰头，位于腹后壁，介于胃与空肠之间。十二指肠可分为上部、降部、水平部和升部四部。上部：起自幽门，管壁较薄，其管腔面黏膜光滑，无环状皱襞，称十二指肠球部，是溃疡好发的部位。降部：在其后内侧壁上，有十二指肠纵襞，其下端有十二指肠大乳头，是胆总管和胰导管的共同开口之处。有时在大乳头的上方，可见有十二指肠小乳头，是副胰管的开口。水平部：横过下腔静脉、腹主动脉和第3腰椎。水平部的前面有肠系膜上动、静脉跨过。升部：最短，自第3腰椎体左侧斜向左上方，达第2腰椎体左侧急转向前下方，形成十二指肠空肠曲，移行为空肠。十二指肠空肠曲被十二指肠悬肌（又称Treitz韧带）连于右膈脚。十二指肠悬肌是手术中识别空肠起始部的标志。

(2) 空肠与回肠　空肠与回肠盘曲于结肠围成的方框内，空肠主要居腹腔的左上部，回肠在腹腔的右下部。

6. 大肠　在胸腔及腹腔脏器整体标本上观察大肠的位置、分部，盲、结肠的表面特征。在离体标本上观察直肠和肛管的形态、结构特点。

(1) 大肠的分部与形态特征　大肠是消化管的末端，全长约1.5m，在右髂窝续于回肠，止于肛门。全长可分为盲肠、阑尾、结肠、直肠和肛管5部分。其中盲肠和结肠表面具有结肠带、结肠袋和肠脂垂三种特征性结构。

(2) 盲肠　为大肠的起始部，居右髂窝内，在盲肠的内侧壁上有回盲口通回肠，在回盲口处，有上、下两片唇样黏膜皱襞，称回盲瓣。在回盲瓣的下方约2cm处，有阑尾的开口。

(3) 阑尾　为一长6~8cm的蚓状突起，居右髂窝内，其根部连于盲肠的后内侧壁上，远端游离，位置变化大。阑尾的根部体表投影在右髂前上棘与脐连线的中、外1/3交界处，称McBurney点。由于三条结肠带全在阑尾根部集中，故可作为寻找阑尾的标志。

(4) 结肠　结肠位于盲肠与直肠之间，整体呈方框状围于空、回肠周围。结肠可分为升结肠、横结肠、降结肠和乙状结肠四部分。①升结肠：是盲肠向上的延续部分，自右髂窝向上，向左转形成结肠右曲（又称肝曲）而移行为横结肠。升结肠借结缔组织贴于腹后壁，其活动性小。②横结肠：起自结肠右曲，横行向左，在脾的脏面下份处转折形成结肠左曲（又称脾曲），向下续于降结肠。横结肠全部被腹膜所包被，并借其系膜固定于腹后壁，活动度大。③降结肠：起自结肠左曲至左髂嵴处与乙状结肠相续。降结肠借结缔组织贴附于腹后壁，活动性小。④乙状结肠：在左髂嵴处接降结肠，向下至第3骶椎平面处移行为直肠。乙状结肠由腹膜包被，并借其系膜固定于左髂窝和骨盆左后壁，具有一定的活动性。

(5) 直肠　位于盆腔的后部、骶骨的前方。上端在第3骶椎前方接乙状结肠，沿骶尾骨前面下行，穿过盆膈移行为肛管，全长10~14cm。直肠下部膨大称直肠壶腹。直肠并非笔直，在矢状面上有两个弯曲，即骶曲（凸向后）和会阴曲（凸向前）。直肠表面无结肠带、肠脂垂和结肠袋。直肠腔面有三个直肠横襞，其中一个居直肠右壁，大而恒定，距肛门约7cm，可作为直肠镜检查的定位标志。

(6) 肛管　是直肠穿过盆膈后形成的，向下止于肛门，长约4cm。肛管的腔面有肛柱、肛瓣、肛窦、齿状线、肛梳和白线等结构。以齿状线为界，其上皮、神经、血管和淋巴回流有差异。在肛门周围有肛门内、外括约肌环绕。肛门内括约肌属平滑肌，由肠壁的环形肌增厚而形成。肛门外括约肌属骨骼肌，可分为皮下部、浅部和深部三部。肛门外括约肌的浅部、深部，肛门内括约肌、直肠下部的纵行肌和肛提肌的耻骨直肠肌共同形成一围绕肛管的肌性环，称肛直肠环。肛直肠环对括约肛门和控制排便有重要作用，手术时应防止其损伤，以免造成排便失禁。

（二）消化腺

1. 肝

（1）肝的位置　在胸腔及腹腔脏器整体标本上观察肝的位置和毗邻关系。肝大部分居右季肋区和腹上区，小部分居左季肋区。

（2）肝的形态　在肝离体标本或模型上观察肝的形态和分叶。肝的形态近似呈楔形，活体呈红褐色，质软而脆，有两面、四缘。膈面（上面）隆突，邻膈，有肝镰状韧带和冠状韧带附着，后部无腹膜覆盖区，称肝裸区。脏面（下面），凹凸不平，有"H"形沟，右纵沟较宽，前半部称胆囊窝，容纳胆囊，后半部称腔静脉沟，有下腔静脉通过，在腔静脉的上部有左、中、右肝静脉通过，又称为第二肝门。左纵沟较窄，前部有肝圆韧带，后部有静脉韧带。横沟处有左、右肝管，肝门静脉、肝固有动脉、神经和淋巴管等出入，称为肝门。肝前下缘薄而锐利，在右侧有胆囊切迹，左侧有肝圆韧带切迹；肝后缘较钝；肝左缘锐薄；肝右缘钝圆。

（3）肝的分叶　肝的膈面借肝镰状韧带分为肝右叶（厚而大）和肝左叶（薄而小）。肝的脏面借"H"形沟分为肝右叶、肝左叶、肝方叶和肝尾状叶四叶。

2. 胆囊　在胸腔及腹腔脏器整体标本上观察胆囊的位置、形态、胆囊底的体表投影。胆囊位于肝右叶脏面右纵沟前部的胆囊窝内，呈梨形，可分为胆囊底、胆囊体、胆囊颈和胆囊管四部分。胆囊管内黏膜形成螺旋状皱襞，称螺旋襞，可节制胆汁的进出。胆囊底的体表投影在右锁骨中线与右肋弓交界处，是临床胆囊触诊的部位。

3. 肝外胆道　在胸腔及腹腔脏器整体标本上观察肝外胆道的行程及毗邻关系。

（1）肝外胆道的组成　肝外胆道包括左、右肝管，肝总管，胆囊管以及肝总管与胆囊管汇合而成的胆总管。

肝胰壶腹（Vater 壶腹）：胆总管与胰管汇合处形成的膨大部分，开口于十二指肠大乳头。

肝胰壶腹括约肌（Oddi 括约肌）：肝胰壶腹周围增厚的环行平滑肌。

（2）胆囊三角（Calot 三角）　为胆囊管、肝总管和肝脏面围成的三角形区域，胆囊动脉多经此三角到达胆囊。故胆囊手术时常在此三角内寻找并结扎该动脉。

4. 胰腺　在胸腔及腹腔脏器整体标本上观察胰的形态、位置及毗邻关系。

胰位于胃的后方，横贴于腹后壁，相当于第 1~2 腰椎高度。胰可分为胰头、胰体、胰尾三部分。注意胰头与十二指肠、胆总管及肝门静脉的关系，胰尾与脾的关系。

实训练习九

一、观察标本并与图 9-1、9-2 比较，在图上标示该器官结构的分部名称。

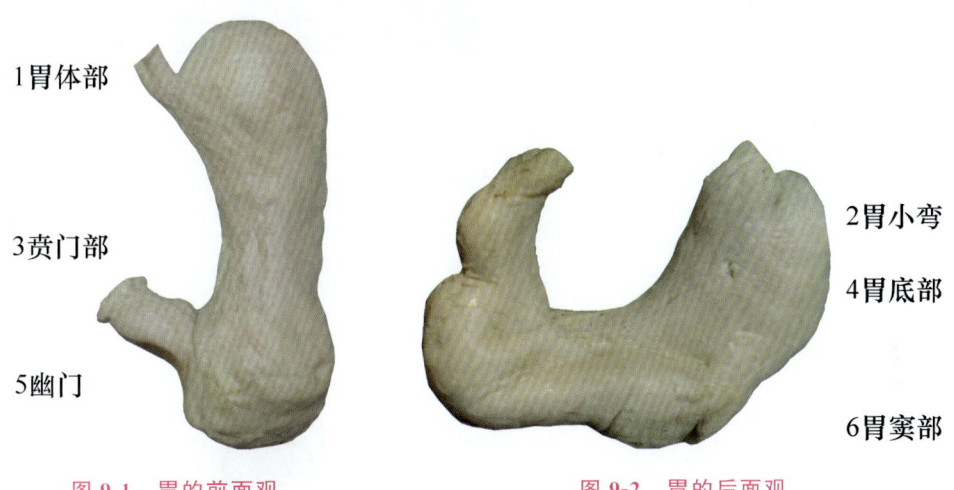

图 9-1　胃的前面观　　　　　图 9-2　胃的后面观

二、请在相应横线上填写图 9-3～图 9-5 中标示的结构名称，并试着在图中标示注明的两个结构名称。

1 _____

2 _____

3 _____

4 阑尾

5 升结肠

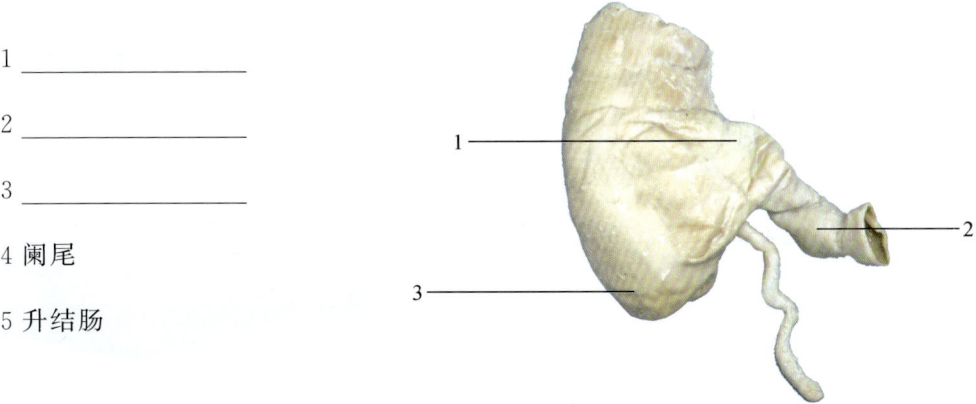

图 9-3　消化管

58　实训练习九

6 _____

7 _____

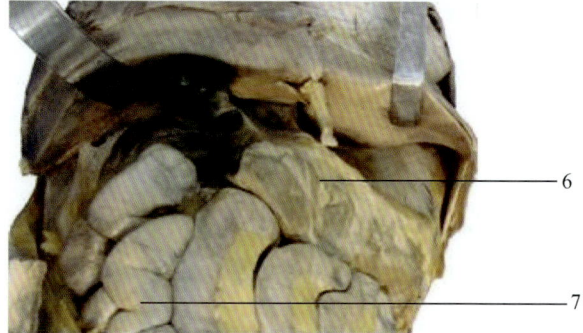

图 9-4　结肠上区

8 _____

9 _____

10 _____

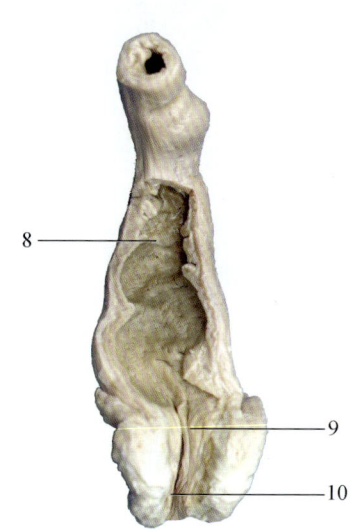

图 9-5　直肠及肛管

五、认真比较标本与图 9-6 中结构的异同，在相应横线上填写结构名称。

1 _____

2 _____

3 _____

图 9-6　结肠

六、请在相应横线上填写图 9-7～图 9-9 中标示的解剖结构名称。

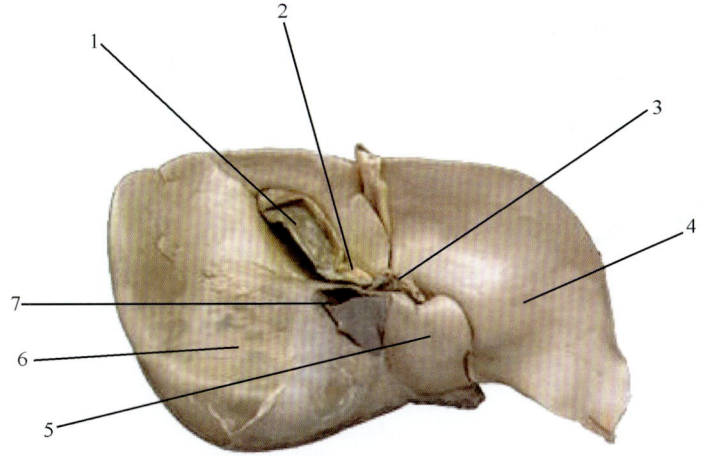

图 9-7　肝的脏面

1 _____　　2 _____

3 _____　　4 _____

5 _____　　6 _____

7 _____

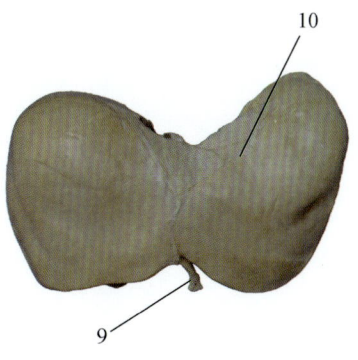 

图 9-8　肝的前面观　　　　　图 9-9　肝的上面观

9 _____

10 _____

11 _____

七、请在标本上找出图 9-10 中标示的结构，并将正确的名称填写在相应横线上。

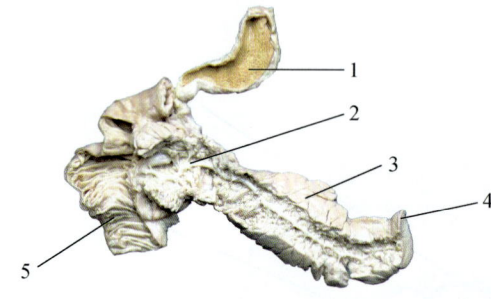

图 9-10　胰与十二指肠

1 _____

2 _____

3 _____

4 _____

5 _____

实验指导教师_____

_____年_____月_____日

实验十　呼吸系统

【实验目的与要求】

> **掌握内容**

1. 鼻腔的分部及各部形态结构，鼻旁窦的位置及开口部位。
2. 喉的位置、组成、主要体表标志，喉腔的形态结构。
3. 气管的位置及形态构造特点，左、右主支气管的形态差异。
4. 肺的形态、位置和分叶。
5. 胸膜和胸膜腔的概念、胸膜的分部及胸膜的位置。

> **熟悉内容**

1. 呼吸系统组成、功能及呼吸道的结构特点。
2. 喉的功能性别差异及年龄变化。
3. 肺内支气管和肺段的概念。
4. 胸膜和肺的体表投影。
5. 纵隔的概念、区分及组成。

> **了解内容**

1. 外鼻的形态结构、各鼻旁窦的形态特点。
2. 喉的软骨、连结及喉肌的位置和作用，活体喉口和声门的形态变化。

【实验教具】

1. 颅骨矢状切标本。
2. 头颈矢状切标本。
3. 鼻甲、鼻旁窦模型。
4. 喉软骨模型。
5. 喉矢状切瓶装标本。
6. 喉肌模型。
7. 气管、主支气管模型。
8. 气管、主支气管和肺标本。
9. 气管、主支气管和肺铸型标本。
10. 肺模型。
11. 透明肺模型。
12. 胸膜模型。
13. 纵隔模型。
14. 整具尸体标本。

【实验内容与教学方法】

（一）呼吸道

1. 鼻

（1）外鼻　两人一组，在活体上观察外鼻的形态和结构（鼻根、鼻背、鼻尖、鼻翼、鼻孔、鼻唇沟）。

（2）鼻腔　在模型上观察鼻腔的分部、分区、各部分的形态和结构特点。

鼻腔被鼻中隔分为左、右两半，向前经鼻孔与外界相通；向后以鼻后孔与鼻咽相通。每侧鼻腔以鼻阈为界，分为鼻前庭（注意结构特点）和固有鼻腔（注意外侧壁上的鼻甲、鼻道、鼻旁窦及鼻泪管的开口）。固有鼻腔的黏膜分呼吸区和嗅区（注意它们的位置和特点）。

（3）鼻旁窦　在模型上观察鼻旁窦位置、开口及结构特点，并在活体上注意它们的体表投影。鼻旁窦有额窦、蝶窦、上颌窦和筛窦。观察各鼻旁窦的位置及开口，注意上颌窦的解剖学特点。

2. 咽　咽的位置、形态和分部详见消化系统。

3. 喉

（1）喉的位置、软骨及体表标志　在整具尸体标本上观察喉的位置、体表标志，并在活体上触摸自己的喉结，在模型上观察喉的软骨。

喉的位置：喉位于颈前部、喉咽的前方，向上借喉口通喉咽，向下与气管相续。

喉的软骨：喉的软骨有四种，即甲状软骨、环状软骨、杓状软骨和会厌软骨。

环状软骨　在喉的最下部。前部低，称环状软骨弓；后部高而阔，称环状软骨板。环状软骨是呼吸道唯一完整的软骨环。

甲状软骨　在环状软骨上方。有左、右板，上、下角，喉结（男性明显），上切迹。

会厌软骨　在舌根后方，上宽下窄。

杓状软骨　唯一成对的，在环状软骨上方。有一尖、一底和两个突起（外侧为肌突、前方为声带突）。

喉的体表标志：喉结、环状软骨弓（平第 6 颈椎）。

（2）喉的连结

甲状舌骨膜　位于甲状软骨上缘与舌骨之间。

环甲关节　由甲状软骨下角与环状软骨板侧部的关节面构成。甲状软骨在额状轴上作前倾（紧张声带）和复位运动（松弛声带）。

环杓关节　由杓状软骨底与环状软骨板上缘构成，杓状软骨沿垂直轴作旋转运动，使两侧声带靠近或分开。

弹性圆锥　位于甲状软骨前角后面、环状软骨上缘和杓状软骨声带突之间的弹性纤维膜。上缘游离，称声韧带，是构成声带的基础。弹性圆锥的前部增厚形成环甲正中韧带。

环状软骨气管韧带　连接环状软骨下缘与第 1 气管软骨环。

在喉软骨模型上分别观察上述结构。

（3）喉肌　在喉肌模型上观察。喉肌是发音的动力装置，可使声门裂开大或缩小，声带紧张或松弛（重点为环杓后肌、环杓侧肌和环甲肌的功能）。

（4）喉腔　在喉矢状切瓶装标本，喉软骨、喉肌模型上观察喉腔的形态结构及分部。

形态结构　喉软骨、声带、纤维膜、喉肌及黏膜等构成喉壁。由喉壁围成的管形腔称喉腔。上方借喉口开口于喉咽，向下通气管。

喉口 由会厌上缘、杓状会厌襞及杓间切迹围成。朝向后上方，呼吸时开放，吞咽时关闭。

两对皱襞 在喉腔的中部侧壁上有呈矢状位的黏膜皱襞，上方的一对为前庭襞，下方的一对为声襞。

两个裂 前庭裂（左、右前庭襞之间）和声门裂（左、右声襞和杓状软骨基底之间）。声门裂分膜间部和软骨间部，是喉腔中最狭窄的部分。

声带 由喉黏膜（声襞）、声韧带和声带肌组成。

分部 喉腔以前庭裂和声门裂为界可分为三部：

喉前庭 前庭裂以上的部分。

喉中间腔 前庭裂与声门裂之间的部分。其黏膜向两侧突出的部分为喉室。

声门下腔 声门裂以下的部分。该部黏膜组织疏松，炎症时易水肿，可导致呼吸困难。

4. **气管与主支气管** 在气管、主支气管模型上观察气管的位置、构造和主支气管的形态结构特点。

（1）气管 气管位于食管的前方，上端起自环状软骨，下端至胸骨角高度分左、右主支气管，分叉处称气管杈（在气管杈内面有一隆起，称气管隆嵴，是支气管镜检查时的重要标志）。气管由气管软骨、平滑肌纤维和结缔组织构成。气管软骨呈"C"形，缺口向后，被膜壁封闭。

（2）主支气管 左、右主支气管的比较见模型比较。

临床意义 由于右主支气管的形态特点，气管内异物坠入右主支气管的机会多，支气管镜检查或气管插管时，右主支气管较易于置入。

（二）肺

1. **肺的位置、形态和分叶** 在整具尸体标本和肺、透明肺的模型上观察肺的位置、形态及分叶。

（1）位置 肺位于胸腔内、纵隔两侧膈的上方，左右各一。

（2）形态 肺呈半圆锥形，可分为一尖、一底、两面、三缘。肺尖：突向颈根部，高出锁骨内侧 1/3 上方 2～3 cm；肺底：向上凹陷，与膈相邻，又称膈面；肋面：圆凸、宽广，邻肋和肋间隙；内侧面：又称纵隔面，邻纵隔，中部有一凹陷称肺门，是支气管、肺血管、淋巴管及神经等的出入处，上述结构被结缔组织包绕构成肺根（注意肺动、静脉及支气管在左、右肺根内的排列顺序不同）；三缘：前缘锐利（左肺前缘有心切迹和左肺小舌），后缘圆钝，下缘锐利。

（3）分叶 左肺借斜裂分为上、下两叶，右肺借斜裂和水平裂分为上、中、下三叶。

2. **支气管肺段（肺段）的概念** 在透明肺模型上和气管、主支气管及肺铸型标本上观察每一肺段的组成。每一肺段支气管及其分支和它们所属的肺组织称为一个支气管肺段（简称肺段）。肺段呈圆锥形，尖向肺门，底向肺的表面。右肺可分为 10 段，左肺分为 8 段。

（三）胸膜

1. **胸腔、胸膜腔及胸膜的概念** 在整具尸体标本上和胸膜、纵隔模型上观察，注意比较胸腔、胸膜及胸膜腔。

（1）胸腔 由胸廓与膈围成。

（2）胸膜 覆盖在肺的表面、胸廓的内表面、膈的上面及纵隔的两侧的浆膜称胸膜。覆盖在肺的表面的为脏胸膜，覆盖在胸廓的内表面、膈的上面及纵隔两侧的为壁胸膜。

（3）胸膜腔　脏胸膜和壁胸膜在肺根处互相延续，在两肺周围分别形成一个封闭的腔，称胸膜腔。腔内呈负压，仅含少量的浆液。

2. 壁胸膜的分部及胸膜隐窝　在整具尸体标本和胸膜、纵隔模型上观察壁胸膜的分部及胸膜隐窝（主要是肋膈隐窝）。

（1）分部　壁胸膜依其衬覆的部位不同，可分为4部分：①膈胸膜；②肋胸膜；③纵隔胸膜：贴在纵隔两侧，中部包绕肺根后移行于脏胸膜，在肺根下方前后两层相贴构成肺韧带，连于纵隔和肺之间，对肺有固定作用；④胸膜顶：包在肺尖上方，其最高点可高出锁骨内侧 1/3 上方 2～3 cm。

（2）胸膜隐窝　在壁胸膜各部分互相转折处形成较大的间隙，称胸膜隐窝（在深吸气时，肺缘也不能完全伸入其内）。最重要的为肋膈隐窝，位于肋胸膜与膈胸膜的转折处，左、右各一，最大，位置最低，胸膜炎有渗出时，液体首先积聚于此。

3. 胸膜与肺的体表投影　在标本上注意观察肺的体表投影。胸膜和肺的体表投影可见前界（左、右不同）、下界。

（四）纵隔

在胸膜、纵隔模型上观察纵隔的分部及其内容物，并结合整具尸体标本进行辨认。

1. 概念　两侧纵隔胸膜间的脏器及结缔组织总称为纵隔。

2. 分部　通过胸骨角和第4胸椎下缘水平面，将纵隔分为上、下两部。上部为上纵隔，下部为下纵隔，后者又以心包分成前、中、后纵隔三部分。

3. 内容物

（1）上纵隔　胸腺或胸腺剩件，左、右头臂静脉，上腔静脉，左、右膈神经，迷走神经，喉返神经，主动脉弓及其三大分支，食管，气管和淋巴结等。

（2）前纵隔　胸腺的下部、纵隔前淋巴结、胸廓内血管及疏松结缔组织等。

（3）中纵隔　心包、心脏及出入心脏的大血管根部、奇静脉弓、膈神经、心包膈血管及淋巴结等。

（4）后纵隔　左、右主支气管，食管，胸主动脉，胸导管，奇静脉，半奇静脉，交感干及淋巴结等。

实训练习十

一、观察标本并与图 10-1 比较，在横线上填写图中所标示结构的名称。

1 _____

2 _____

3 _____

4 _____

5 _____

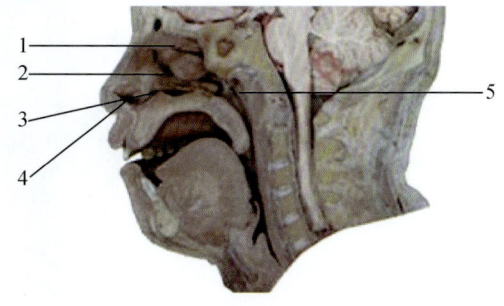

图 10-1　鼻腔正中矢状面观

二、观察喉在头正中矢状切面上的上、下位置关系，与图 10-2 比较，并连线。

1 口咽

2 喉口

3 鼻咽

4 喉咽

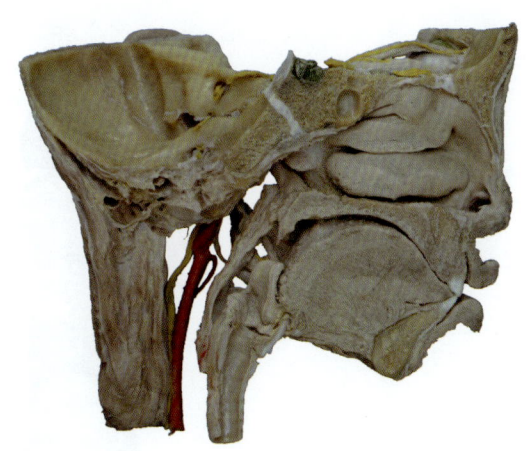

图 10-2　咽的位置

三、请在图 10-3 中找出梨状隐窝、会厌软骨、甲状软骨板，试着将其用线条连接起来。

甲状软骨板

会厌软骨

梨状隐窝

图 10-3　喉的后面观

四、试着在标本上找出喉软骨，并与图 10-4、10-5 中的结构比较，将名称填写在横线上。

1 _____

2 _____

3 _____

4 _____

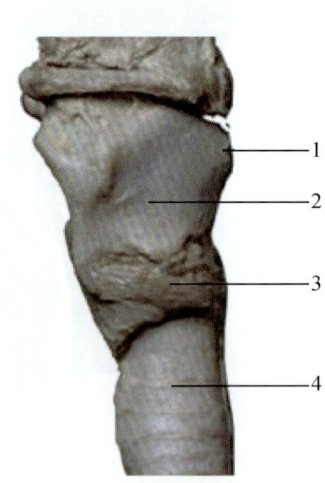

图 10-4　喉的侧面观

5 _____

6 _____

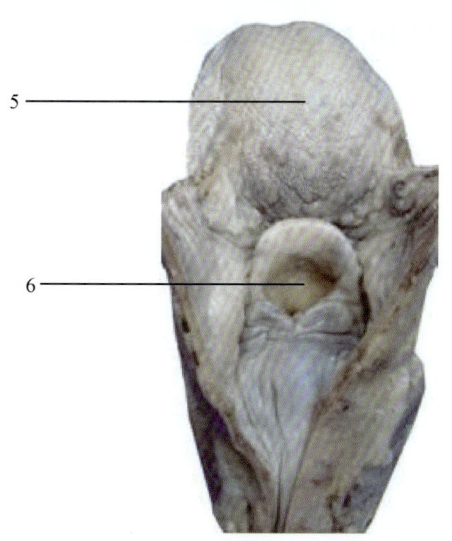

图 10-5 喉的后面观

五、在喉的内腔中找到图 10-6 中所标示的结构，仔细辨认，将名称填写在相应的横线上。

1 _____

2 _____

3 _____

4 _____

5 _____

6 _____

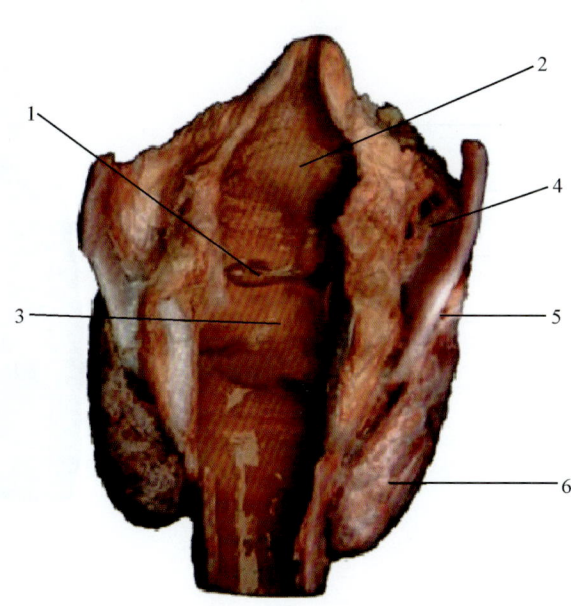

图 10-6 喉腔内部

六、图 10-7 是右肺外侧面观，请将图中标示的结构名称填写在相应的横线上。

1 _____

2 _____

3 _____

4 _____

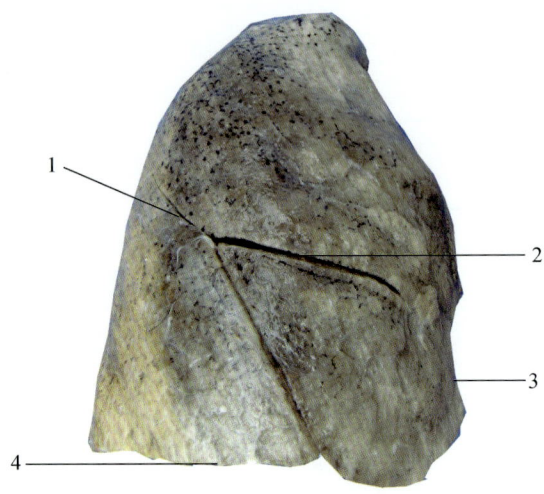

图 10-7　右肺外侧面观

七、与图 10-7 比较，将结构名称填写在相应的横线上。

1 _____

2 _____

3 _____

4 _____

5 _____

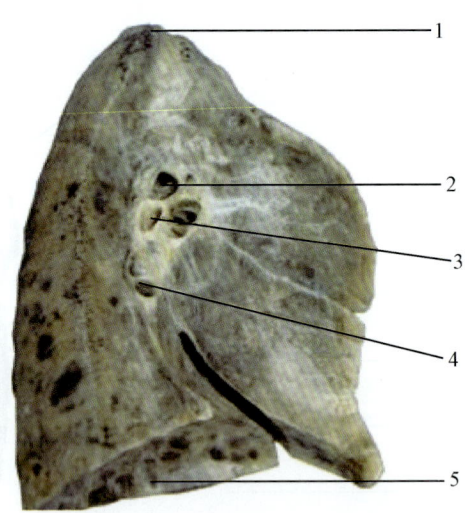

图 10-8　左肺内侧面观

七、综合分析题

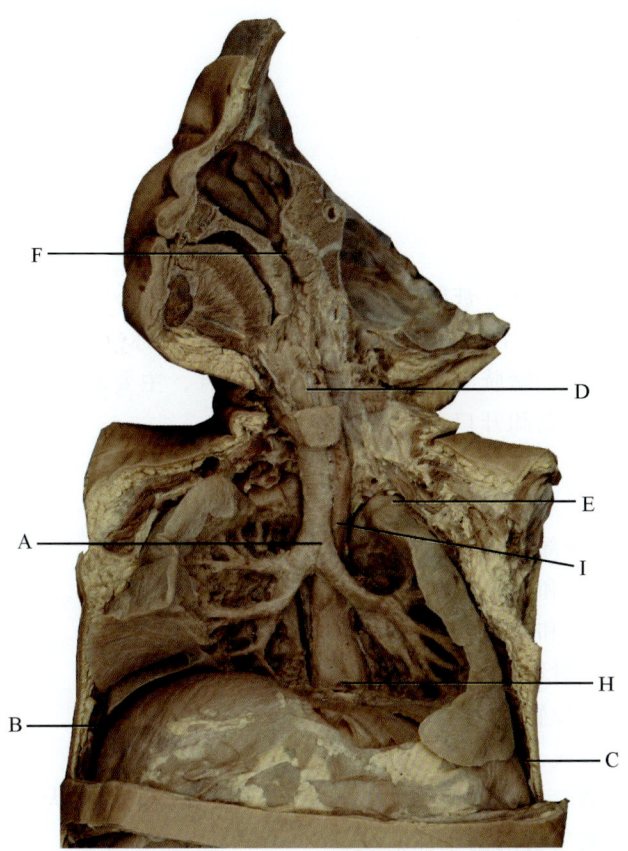

图 10-9　儿童呼吸系统全貌

1. 看图（图 10-9）思考，患儿不慎将一个破损的气球吸入呼吸道内，你认为可能停留在哪些部位？如：

   _____

   _____。

2. 图 10-9 中标示的哪些结构符合以下条件：
   (1) 胸膜腔的最低点在_____处。
   (2) 气流经过此处，分流进入左、右肺，其是_____，在气管内腔中有一标志性结构称_____，是支气管镜检的标志。
   (3) 某消化器官与气管伴行但稍偏左一些，它是_____。
   (4) 胸膜腔的最高点在_____处。

   实验指导教师_____

   _____年_____月_____日

实验十一　泌尿、生殖系统和腹膜

【实验目的与要求】

➢ 掌握内容
1. 肾的形态、构造、位置、被膜。
2. 输尿管的形态、分部，各部的位置及在盆部（尤为女性）的主要毗邻，输尿管的狭窄。
3. 膀胱的形态、位置，膀胱三角的界限、结构特点、主要意义。
4. 女性尿道的形态特点和开口部位。
5. 睾丸及附睾的形态与位置。
6. 卵巢的形态、位置及固定装置。
7. 输卵管的位置、分部及各部的形态结构。
8. 子宫的形态、位置和固定装置。
9. 阴道前庭内阴道口和尿道外口的位置。
10. 输精管的行程，射精管的行程和开口。
11. 前列腺的形态、位置及主要毗邻。
12. 阴茎的分部和构成。
13. 男性尿道的分部、各部形态结构特点，三个狭窄、三个扩大和两个弯曲。
14. 会阴的概念、狭义会阴的临床意义。
15. 腹膜和腹膜腔的概念以及腹膜的功能。
16. 腹膜脏层和壁层相移行的关系及其形成的网膜、系膜、韧带的名称，网膜位置形态。
17. 直肠与膀胱、膀胱与子宫、子宫与直肠间的腹膜陷凹及其临床意义。

➢ 熟悉内容
1. 泌尿系统的组成、主要作用。
2. 会阴的分区。
3. 腹膜与器官的关系及其临床意义。
4. 生殖系统的组成，男、女性生殖器的分部及各部所包括的器官。
5. 精索的概念、位置和内容，精囊腺的形态、位置。
6. 阴道的形态、位置和毗邻。
7. 乳房的结构特点。

➢ 了解内容
1. 肾段的概念及肾的体表投影。
2. 膀胱壁的构造，膀胱位置的年龄变化及毗邻关系。
3. 生殖系统各器官的功能。
4. 睾丸和附睾的结构和功能。
5. 尿道球腺的位置和腺管的开口。
6. 阴囊的形态和构造。

实验十一　泌尿、生殖系统和腹膜

7. 女性外生殖器、乳房的形态结构。

8. 尿生殖膈、盆膈、坐骨直肠窝的位置和构成。

9. 腹前壁下部的腹膜皱襞和陷凹。

【实验教具】

1. 男、女性泌尿生殖系统概观标本。
2. 离体肾和肾的剖面标本及模型。
3. 腹膜后间隙的器官标本。
4. 通过肾中部的腹后壁横切面标本。
5. 男、女性盆腔正中矢状切面标本，女性盆腔标本。
6. 离体膀胱标本。
7. 阴茎的解剖标本及横切面标本、女性外阴标本。
8. 女性乳房解剖标本。
9. 男、女性会阴肌标本。
10. 腹膜标本或模型、腹腔解剖标本。

【实验内容与教学方法】

（一）泌尿、生殖系统

取男、女性泌尿生殖系统概观标本，观察泌尿生殖系统的组成及各器官的连续关系。

1. 肾　在离体肾和在腹膜后间隙的器官标本观察肾的位置和形态，在观察中注意比较左、右肾的位置差异及各自与第12肋的关系。观察肾门的位置，辨认出、入肾门的肾动脉、肾静脉及肾盂，注意肾盂与输尿管的移行关系。

利用通过肾中部的腹后壁横切面标本，分辨并观察肾的三层被膜。在肾的剖面标本或模型上，分辨肾皮质和髓质的构造及特点。观察肾窦及其内容物，注意肾盂与肾大盏和肾小盏的连续关系。

2. 输尿管　取泌尿生殖系统概观标本，结合腹膜后间隙的器官标本，寻找和辨认输尿管，并追踪观察其行径和形态，注意辨认三个狭窄部位。

3. 膀胱　取离体膀胱标本或模型，结合男、女性盆腔正中矢状切面标本，观察膀胱的形态、位置及其毗邻。取切开膀胱壁的标本，寻找和辨认输尿管的开口和尿道内口，观察各口的形态和膀胱三角的黏膜特点。

4. 女性尿道　取女性盆腔正中矢状切面标本或模型，观察女性尿道的行程、毗邻、形态特点和尿道外口的位置。

5. 睾丸和附睾　取男性生殖系统概观标本，观察睾丸和附睾的位置和形态，睾丸鞘膜的性状和脏、壁两层的配布，以及鞘膜腔的形成。

6. 输精管、精囊腺和射精管　取男性生殖系统概观标本，观察输精管的起始、行程和终止，并结合活体，触摸输精管的硬度，检查精索的位置和构成。

结合男性盆腔正中矢状切面标本，在膀胱底的后方，观察精囊的形态及其与输精管末段的位置关系；在膀胱颈的后下方，观察射精管的行程和开口部位。

7. 前列腺和尿道球腺　取男性盆腔正中矢状切面标本和男性生殖系统概观标本，观察前列腺的形态及其与膀胱颈、尿生殖膈和直肠的位置关系，尿道球腺的位置和形态。

8. **阴茎和阴囊** 在标本上，区分阴茎头、阴茎体和阴茎根，观察阴茎的构造及三条海绵体的形态和位置关系；检查尿道外口的位置和形态；查看阴茎包皮及包皮系带的位置和构成；观察阴囊的构造和内容。

9. **男性尿道** 取男性盆腔正中矢状切面标本，观察尿道的起止和分部、两个弯曲和三个狭窄的形态和部位。

10. **卵巢** 取女性盆腔标本，在髂总动脉分叉处的内侧，观察卵巢的形态以及它与子宫阔韧带的关系。

11. **输卵管** 在子宫阔韧带的上缘内寻找和辨认输卵管，观察它的分部及各部的形态特征。

12. **子宫** 观察子宫的位置以及子宫与膀胱、阴道与直肠的位置关系；子宫的形态和分部；子宫腔和子宫颈管的位置及其通连关系；子宫各韧带的位置、附着和构成。

13. **阴道** 观察阴道的位置和毗邻；查看阴道穹的构成，以及阴道穹后部与直肠子宫陷凹的位置关系；在阴道口处寻找和辨认处女膜或处女膜痕。

14. **女阴** 取女性外阴标本，辨认和观察阴阜、大阴唇、小阴唇、阴道前庭、阴蒂的位置和形态，注意阴道口和尿道外口的位置关系。

15. **乳房** 在女性乳房的解剖标本上，观察乳头、乳晕、输卵管的排列方向和乳房悬韧带的形态特点。

16. **会阴** 取会阴肌标本，观察会阴的范围；划分尿生殖区和肛区，查看穿过该两区的结构；观察狭义会阴的位置，以及会阴诸肌与会阴中心腱的关系。

（二）腹膜

1. 取腹膜标本或模型，翻开腹前壁，观察脏腹膜、壁腹膜的配布和腹膜腔的形成。进一步观察：肝冠状韧带和肝镰状韧带的附着，并在肝镰状韧带的游离缘内寻找和辨认肝圆韧带；大网膜的形态、位置和附着部位，小网膜的位置和组成，并检查小网膜游离缘内通过的主要结构及网膜孔的位置；肠系膜的形态及肠系膜根的附着部位，横结肠系膜、乙状结肠系膜、阑尾系膜的形态，注意在系膜的两层腹膜之间包含的血管等结构。

2. 在腹腔解剖标本上，观察网膜囊的位置、范围和交通。结合男、女性盆腔正中矢状切面标本和女性盆腔标本，检查腹膜在骨盆腔器官之间的移行关系，确认直肠膀胱陷凹、直肠子宫陷凹和膀胱子宫陷凹的位置。

3. 在腹膜模型上察看胃、空肠、回肠盲肠、阑尾、升结肠、横结肠、降结肠、乙状结肠、肝、脾、子宫等器官被腹膜覆盖的范围，并根据覆盖范围确定这些器官的类型。

实训练习十一

一、观察标本并与图 11-1 比较，在图上找出肾的位置并标出肾的下极，用红色线条画出肋脊角。

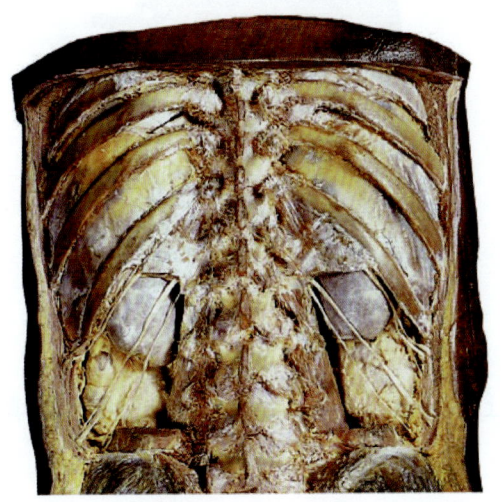

图 11-1 肾的位置

二、请在相应横线上填写图 11-2 中标示的肾的血管和输尿管道名称，并在图中标出膀胱的位置。

1 _____
2 _____
3 _____
4 _____
5 _____
6 _____

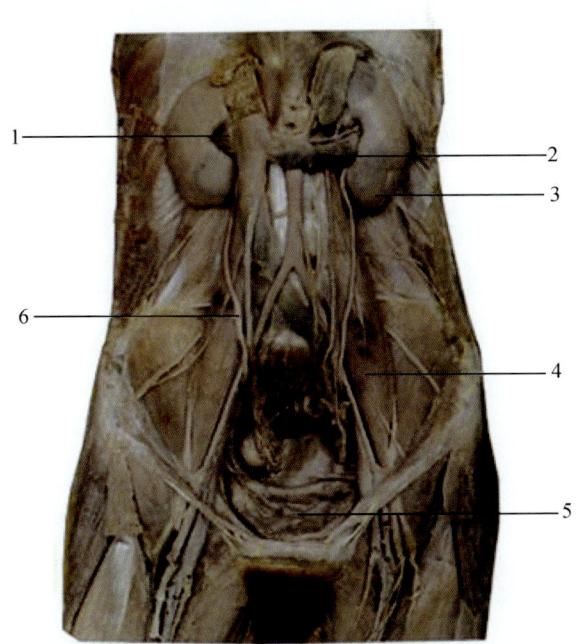

图 11-2 肾及输尿管

74 实训练习十一

三、请在图 11-3 中找出肾的动脉、静脉和输尿管，试着将其用线条连接起来。

输尿管

肾下极

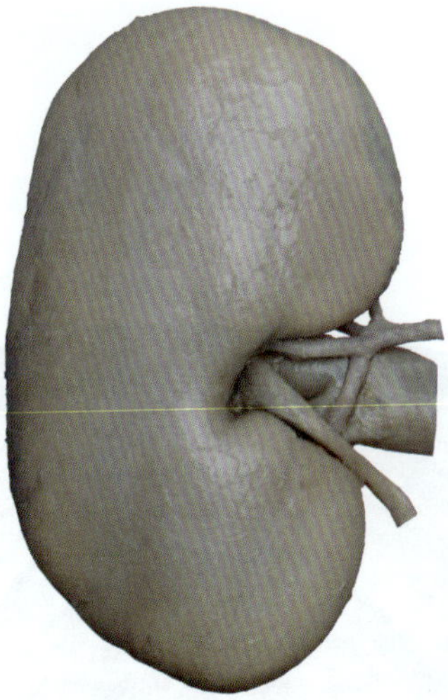

肾静脉

肾动脉

肾上极

图 11-3　肾表面观

四、试着在肾剖面标本上找出图 11-4 标示的结构，将名称填写在相应横线上。

1 _____
2 _____
3 _____
4 _____
5 _____
6 _____

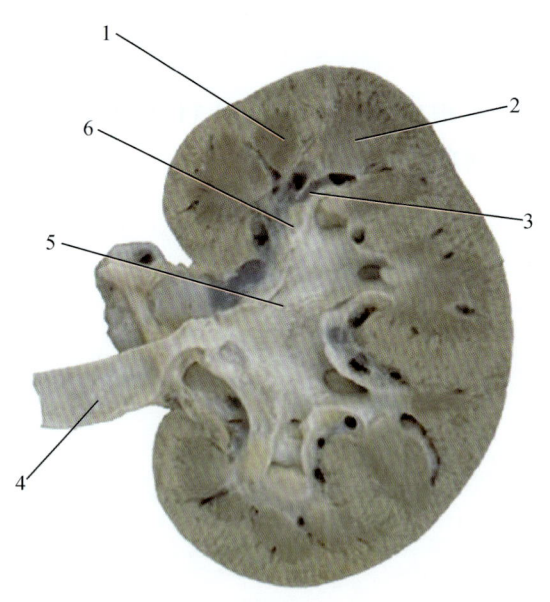

图 11-4　肾的剖面观

五、在图 11-5 中找出膀胱、子宫并用线条标出，将图 11-5 和图 11-6 中标示的结构名称填写在相应横线上。

1 _____
2 _____
3 _____
4 _____
5 _____

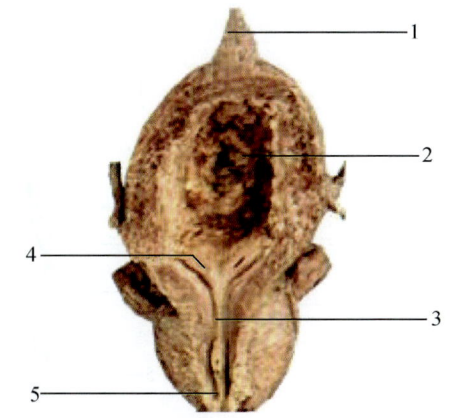

图 11-5　膀胱内面观

6 _____
7 _____
8 _____

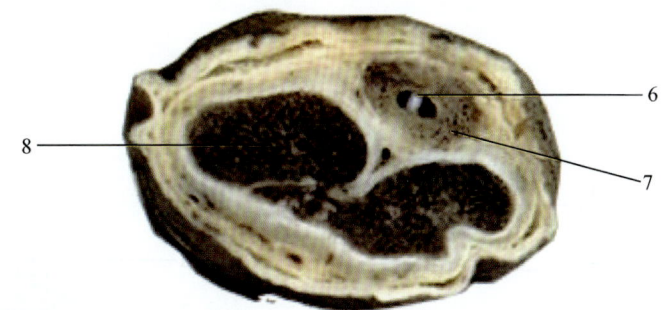

图 11-6　阴茎横断面

76 实训练习十一

六、将男、女性生殖系统图（图 11-7、11-8）中已标示的结构填写在横线上，试着将男、女性结扎手术的部位在图上用红色三角形标示出来。

1 _____
2 _____
3 _____
4 _____
5 _____
6 _____
7 _____
8 _____
9 _____
10 _____

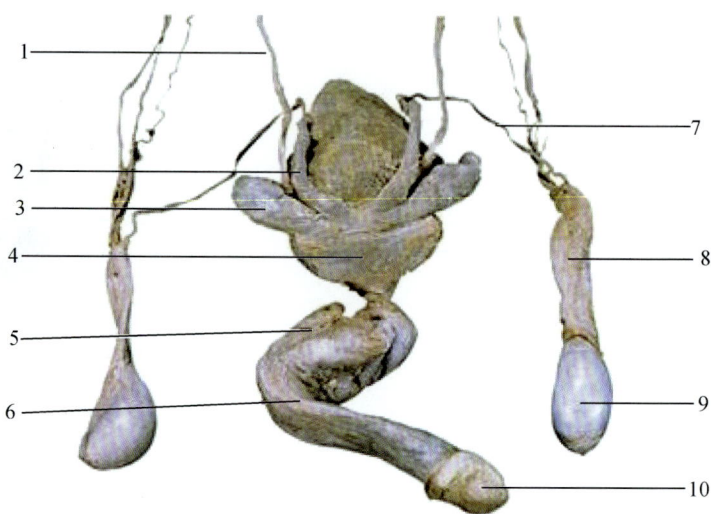

图 11-7　男性生殖系统

1 _____
2 _____
3 _____
4 _____
5 _____
6 _____
7 _____

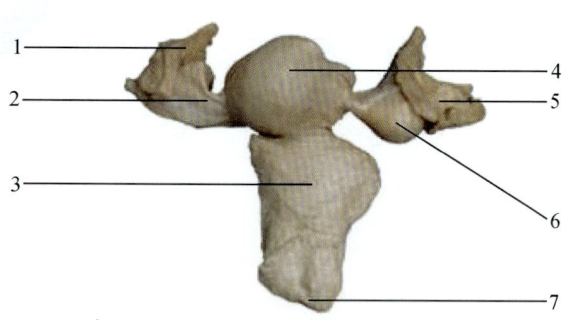

图 11-8　女性生殖系统

七、综合分析题

图 11-9 女性内生殖器

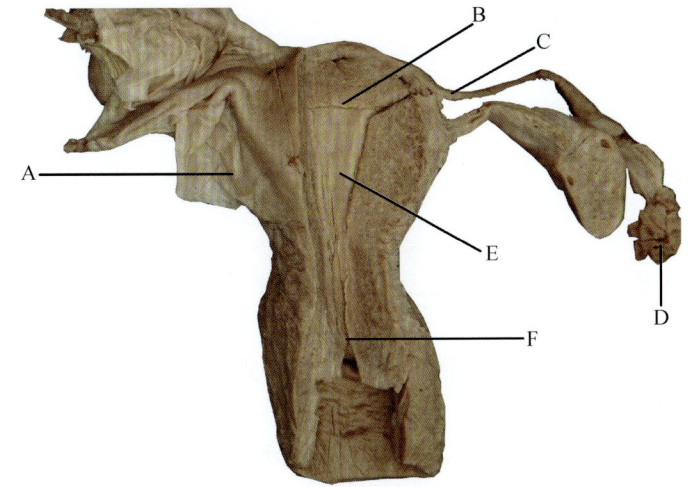

图 11-10 女性乳房

1. 图 11-9 中，固定子宫的韧带为_____。
2. 女性输卵管中最狭窄处在_____，最宽阔处是_____。
3. 分别标出子宫剖面上的结构：
   _____
   _____
   _____
   _____
4. 在图 11-10 中，可以观察到女性乳房大部分是由_____、_____构成的。
5. 图 11-10 中所示 G 结构的解剖意义是_____。在乳腺癌的病程晚期，癌组织侵犯到该结构会引起乳房表面凹凸不平，你认为这是什么原因导致的？
_____。
6. 图 11-10 中所示 H 结构由多条管道汇合而成，是_____。

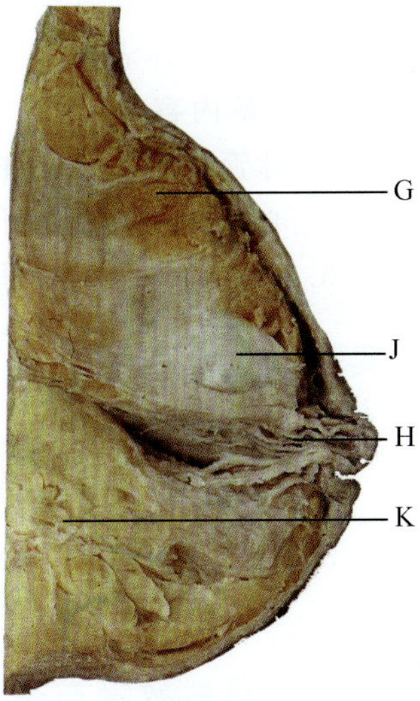

实验指导教师_____

_____年_____月_____日

实验十二　心　脏

【实验目的与要求】

➢ 掌握内容
1. 心血管系的组成、血液循环途径。
2. 心的位置、外形。
3. 心脏各腔的形态结构、房室间隔的形态结构特点和临床意义。
4. 心传导系统的构成和功能。
5. 左、右冠状动脉的起始、行程、主要分支和分布。
6. 心包的组成及形态结构。

➢ 熟悉内容
1. 血管间的吻合。
2. 心脏的体表投影。

➢ 了解内容
1. 脉管系统的组成和功能意义。
2. 心壁的构造以及纤维结缔组织支架。
3. 心大、中、小静脉的行程，冠状窦的位置和开口。

【实验教具】
1. 胸腔纵隔标本、"十"字形切开心包的标本。
2. 完整的离体心脏标本和心脏模型。
3. 切开心房的离体心脏标本和模型。
4. 示心传导系统的牛心脏标本和模型。

【实验内容与教学方法】
1. 在胸腔纵隔标本上观察心的位置、心的外形及与周围的毗邻关系，并结合标本描述心的体表投影。
2. 结合模型观察心壁和各腔的结构及相互联系。
3. 在牛心脏标本和模型上观察心传导系统的窦房结、房室结、房室束及左、右束支的位置和分布。
4. 在完整的离体心脏标本和心脏模型上观察左、右冠状动脉的起始、分支、行程和分布。辨认心的静脉和冠状窦。
5. 在"十"字形切开心包的标本上辨认纤维性心包和浆膜性心包。
6. 心和动脉好似农田水利灌溉系统。心可比作水库和水泵，各级动脉好似不同大小的渠道，以此来象征理解机体的心与动脉的各级分支。

小结

由带教老师强化性地对本次实验的主要内容进行总结：

1. 心的位置、外形位置　位于中纵隔内，约 2/3 在正中线左侧、1/3 在正中线右侧。

外形
- 一尖——心尖：朝向左前下方、在左侧第 5 肋间距前正中线 7～9 cm
- 一底——心底：朝向右后上方，与出入心的大血管相连
- 两面
  - 胸肋面：主要由右心室构成
  - 膈面：主要由左心室构成
- 三缘
  - 右缘：主要由右心房构成
  - 左缘：主要由左心室构成
  - 下缘：由右心室和左心室构成
- 三沟
  - 冠状沟：心房与心室在心表面的分界，内有冠状动脉走行
  - 前室间沟：左、右心室在胸肋面的分界
  - 后室间沟：左、右心室在膈面的分界

2. 心腔结构

右心房
- 入口
  - 上腔静脉口　引流人体上半身的静脉血
  - 下腔静脉口　引流人体下半身的静脉血
  - 冠状窦口　引流心脏本身的静脉血
- 出口：右房室口
- 结构：房间隔上有卵圆窝，心房壁内面有梳状肌

右心室
- 入口：右房室口、周缘附着有三尖瓣，借腱索连于乳头肌
- 出口：肺动脉口、周缘附着有肺动脉瓣
- 结构：室壁内有肉柱、乳头肌

左心房
- 入口：左、右肺静脉口，共 4 条，引流肺内的血液
- 出口：左房室口

左心室
- 入口：左房室口、口周缘附着有二尖瓣，借腱索连于乳头肌
- 出口：主动脉口、口周缘附着有主动脉瓣
- 结构：室壁内有乳头肌

3. 心的血管

升主动脉
- 右冠状动脉
  - 后室间支：发支到两侧心室后壁，室间隔后下 1/3
  - 缘支：发支到右心室和右心房
  - 右房支：发支到右心房、窦房结、房室结
- 左冠状动脉
  - 前室间支：发支到两侧心室前壁，室间隔前上 2/3
  - 旋支：发支到左心室和左心房

4. 临床应用　在胸前壁作心包穿刺时穿刺部位的选择首先应避免伤及胸膜。在心包的前面，正对左侧第 5 肋间隙处，为胸膜的心切迹，此处无胸膜遮盖，称为心包裸区，临床上在此进行心包穿刺，可避免伤及胸膜，并避免伤及胸廓内动脉。胸廓内动脉取自锁骨下动脉，向下经胸廓上口行于胸前壁的内面，距胸骨侧缘 1～2 cm，适经心包裸区，故作心包穿刺时，应避开此动脉，即在左侧第 5 肋间距胸骨侧缘约 2.5 cm 处进行穿刺，亦可在剑突左下方进行穿刺。

实训练习十二

一、观察标本并与图 12-1 比较，在图上标示心尖、心底、心左缘、心右缘、前室间沟。

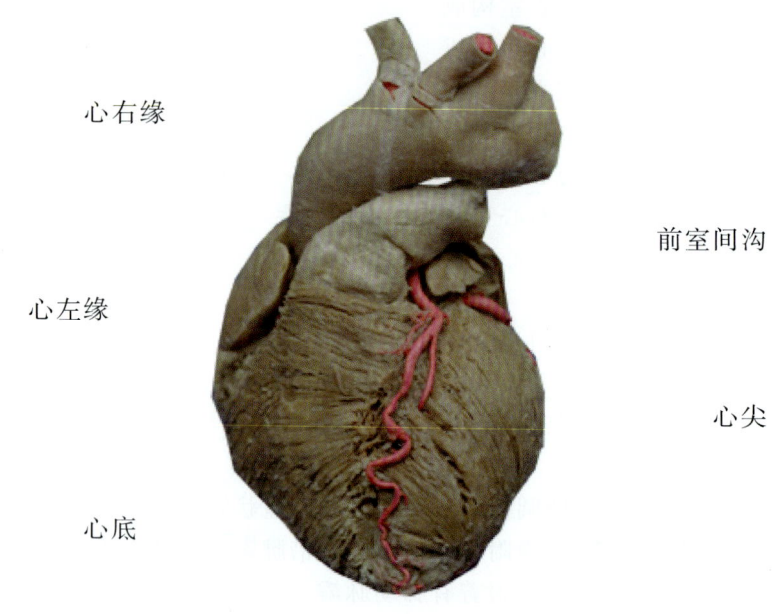

心右缘　　前室间沟　　心左缘　　心尖　　心底

图 12-1　心的前面观

二、请在相应横线上填写图 12-2 中标示的结构名称，并与图 12-1 比较，观察并标出心左缘和心右缘，用粗线条勾画出冠状沟的位置。

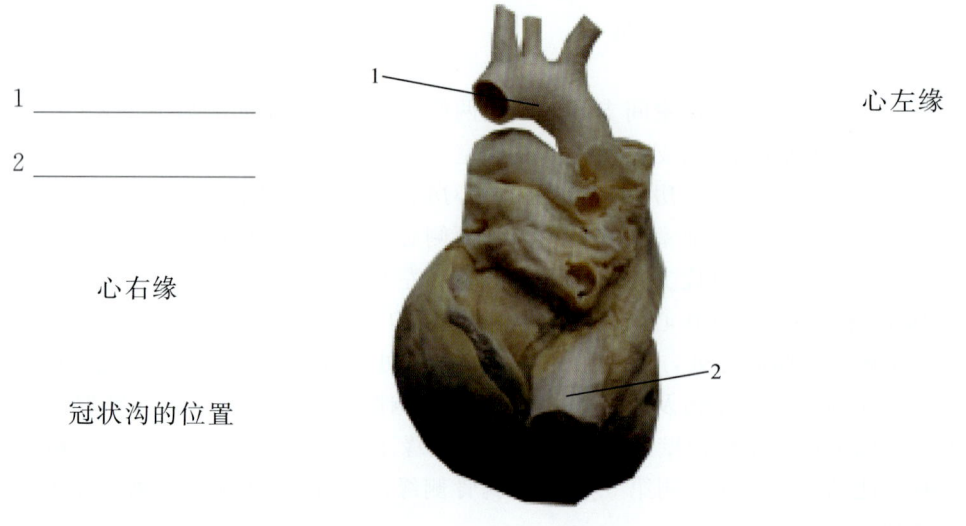

1 _____
2 _____

心左缘

心右缘

冠状沟的位置

图 12-2　心的后面观

三、请在图 12-3 中用短箭头标示右心房内血液流进与流出的方向，并试着将其他已经标示的结构填写在相应横线上。

1 _____

2 _____

3 _____

4 _____

5 _____

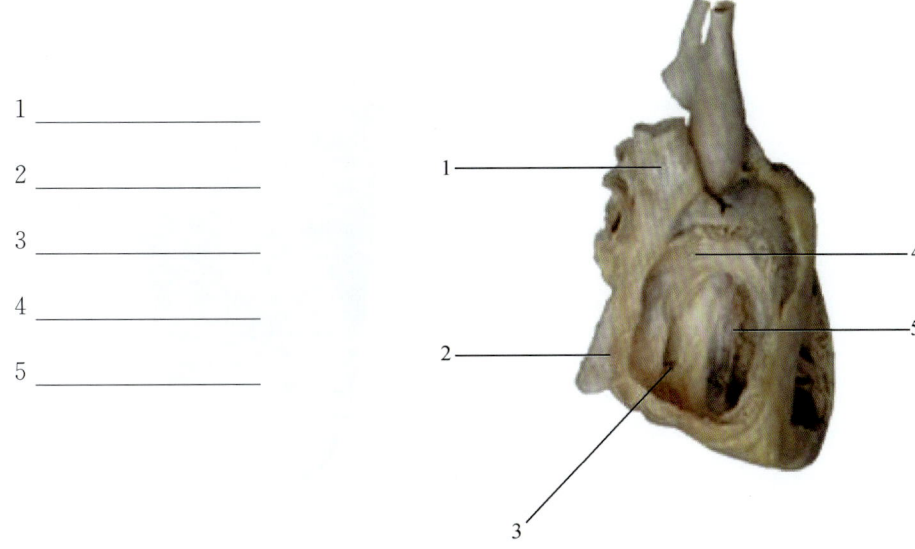

图 12-3　右心房内面观

四、试着在标本上找出右心室内的结构，并与图 12-4 中的结构比较，将名称填写在相应横线上。

1 _____

2 _____

3 _____

4 _____

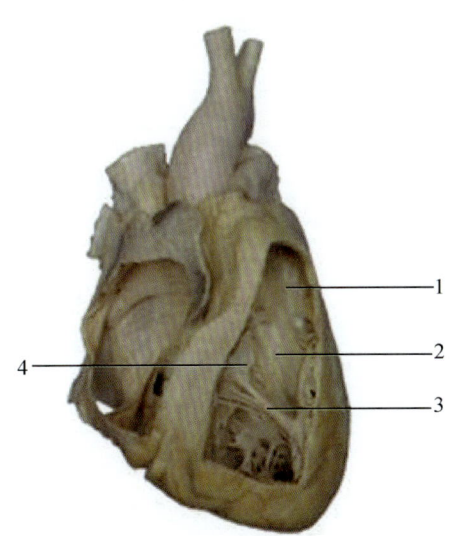

图 12-4　右心内面观

82　实训练习十二

五、将左心室内结构与图 12-5 比较，轻拉腱索观察其瓣膜，然后填写其他结构名称。

1 _____

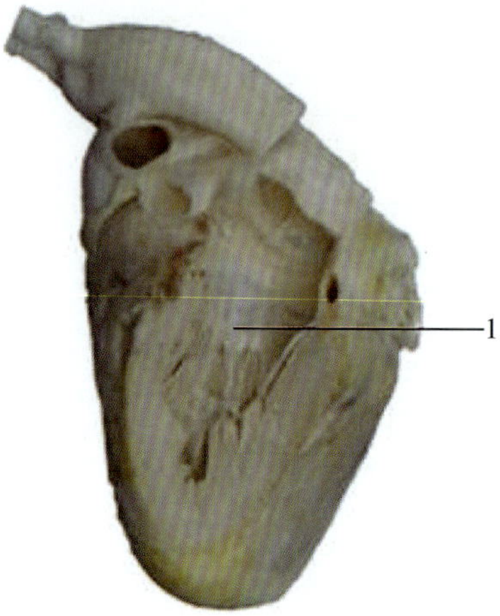

图 12-5　左心室内面观

六、观察图 12-6 的瓣膜，写出它们的名称，并将心的两条营养血管标示出来。

A 左冠状动脉　　　　B 右冠状动脉

1 _____

2 _____

3 _____

4 _____

5 _____

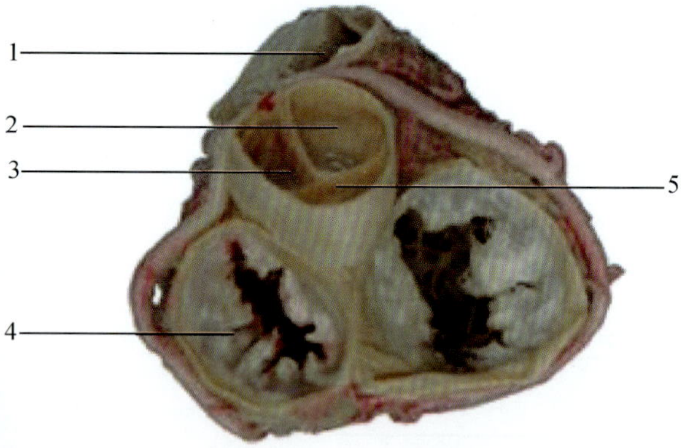

图 12-6　心的瓣膜

七、请将图 12-7、12-8 上已标示的心营养动脉、静脉的几个主要分支填写在相应横线上。

1 _____

2 _____

3 _____

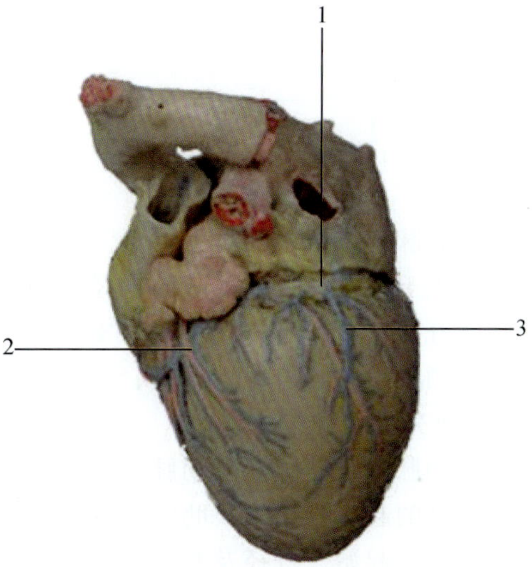

图 12-7　心的血管一

1 _____

2 _____

3 _____

4 _____

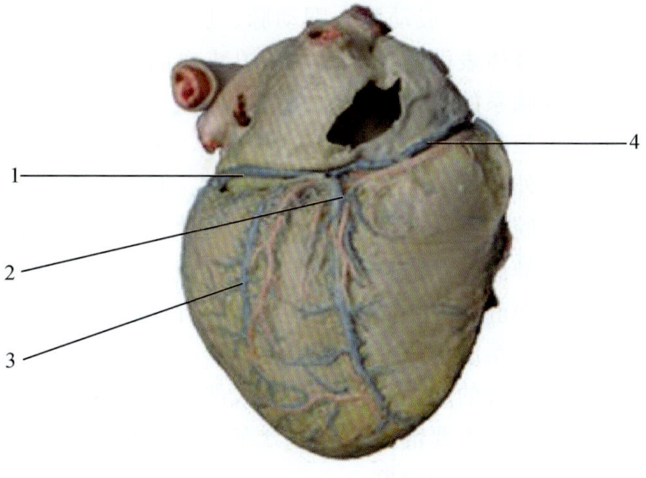

图 12-8　心的血管二

实验指导教师_____

_____年_____月_____日

实验十三　动脉、静脉及淋巴系统

【实验目的与要求】

➤ 掌握内容
1. 动脉与静脉形态结构的区别特点。
2. 肺动脉主干及左、右肺动脉的行径，动脉韧带的位置。
3. 主动脉分部及其起止、行径及分支。
4. 左、右颈总动脉的起止、位置、行径；颈动脉窦、颈动脉小球的形态、位置与功能；颈外动脉的主要分支及分布。
4. 锁骨下动脉、腋动脉、肱动脉、尺动脉、桡动脉的起止和行径、主要分支和分布。
5. 胸主动脉的起止、行径，肋间后动脉的行径和分布。
6. 腹主动脉的起始、行径及其分支。
7. 腹腔干，肠系膜上、下动脉，肾动脉的起始、行径及其分支、分布。
8. 髂总动脉的起始、行径及其分支，髂内动脉主要脏支的行径及其分布，子宫动脉与输尿管的位置关系。
9. 髂外动脉、股动脉、腘动脉、胫前、后动脉足背动脉的起始、行径及其分支分布。
10. 全身体表可触摸脉搏或压迫止血的动脉位置。
11. 静脉系的组成及静脉的结构特点。
12. 上腔静脉的组成、起止、行径，头臂静脉的组成、行径。
13. 颈外静脉、头静脉、贵要静脉、肘正中静脉的行径。
14. 下腔静脉、髂总静脉、髂外静脉、股静脉、腘静脉的组成、起止、行径。
15. 门静脉的组成、起止、行径及属支，门静脉系与上、下腔静脉的吻合途径。
16. 大隐静脉、小隐静脉的起止、行径、注入部位及其属支。
17. 淋巴系的构成及配布特点。
18. 胸导管的起止、行径、注入部位及其收集范围。
19. 头颈部主要淋巴结群的分布部位。
20. 腋淋巴结的分群。
21. 腹股沟淋巴结的分布。
22. 脾的位置、形态。

➤ 熟悉内容
1. 颈内动脉在颈部的行径。
2. 腋动脉的主要分支。
3. 掌浅弓、掌深弓的组成。
4. 肾上腺动脉、睾丸动脉、卵巢动脉的起始、行径及其分布。
5. 腹壁下动脉的行径、足底动脉弓的组成。
6. 浅静脉及其临床意义。

7. 左、右肺静脉的行径。

8. 颈内静脉的起止、行径、属支，颅内、外静脉的交通，锁骨下静脉的起止、行径。

9. 右淋巴导管的组成、注入及收集范围。

10. 头颈部主要淋巴结、腋淋巴结、腘淋巴结、髂内淋巴结、腹腔淋巴结、胃周围淋巴结的分布及其收集范围，支气管纵隔干、肠干的形成。

> **了解内容**

1. 动脉的分布、动脉导管的临床意义。

2. 主要动脉的体表投影及临床意义。

3. 膈下动脉、腰动脉的分布。

4. 髂内动脉壁支的分布概况。

5. 股深动脉，足底内、外侧动脉的行径。

6. 几种特殊静脉的特点。

7. 奇静脉、半奇静脉、副半奇静脉、椎静脉的起止、行径，下腔静脉、髂外静脉的属支，下肢的深静脉。

8. 淋巴回流的因素、淋巴侧支循环。

9. 其他的淋巴结的分布及收集范围。

10. 胸腺的位置形态及其功能。

【实验教具】

1. 胸腔解剖标本。
2. 头、颈、上肢的解剖标本。
3. 躯干后壁的动、静脉解剖标本。
4. 盆部和下肢的动、静脉解剖标本，腹腔脏器动、静脉解剖标本。
5. 肝门静脉模型、离体肝标本。

【实验内容与教学方法】

1. 在胸腔解剖标本上观察

（1）肺动脉的起始、行径及分支。

（2）肺静脉的行径和注入部位。

（3）在升主动脉的右侧辨认上腔静脉，并注意其合成和注入部位。

2. 在躯干后壁标本上观察

（1）主动脉的起始、行径、分支及分布。

（2）上、下腔静脉的行径、注入部位和上、下腔静脉的属支。

（3）肋间后动、静脉的行径。

（4）胸导管的起始、行程及注入部位。

3. 在头、颈、上肢的解剖标本上观察

（1）左、右颈总动脉的起始部位　在颈内动脉和颈总动脉分叉处的后壁处辨认颈动脉窦和颈动脉小球、颈内动脉和颈外动脉的行程，确认颈外动脉的主要分支甲状腺上动脉、面动脉、上颌动脉、颞浅动脉，触摸面动脉和颞浅动脉并确认其压迫止血部位。

（2）头颈部静脉的属支及收集范围　观察颈内静脉与颈总动脉的位置关系、颈外静脉的注入部位、静脉角的形成及部位。

（3）左、右锁骨下动脉的起始部位并确认其主要分支椎动脉、胸廓内动脉的起始及形成。

（4）腋动脉、肱动脉、桡动脉和尺动脉的起始、行径、分支、分布及确认上肢止血点位置。

（5）上肢深、浅静脉行径和注入部位并结合活体寻找和辨认头静脉、肘正中静脉及手背静脉网。

4. 在躯干后壁动、静脉标本和腹腔脏器动、静脉标本上观察

（1）腹腔干、肠系膜上动脉、肠系膜下动脉的起始点及行径并确认其主要的分支。

（2）肾动脉、睾丸动脉、腰动脉的起始、行径。

（3）寻找和辨认左、右睾丸静脉（或卵巢静脉），注意左、右侧注入部位的差异。

5. 在盆部和下肢的动、静脉解剖标本上观察

（1）髂总动脉、髂外动脉、髂内动脉的起始、行径、分支、分布及静脉的回流途径。

（2）在股三角内辨认股动脉，并观察其与髂外动脉和腘动脉的移行关系；股动脉与股神经、股静脉的位置关系；确认股动脉的止血部位。

（3）在腘窝内辨认腘动脉。

（4）辨认胫前动脉和胫后动脉的行径、分支及分布。

（5）注意寻找和辨认下腔静脉及其合成、行程和注入部位。

（6）下肢浅、深静脉的行径和注入部位　结合活体寻找和辨认大隐静脉、小隐静脉和足背静脉网。

6. 利用肝门静脉模型辨认食管静脉丛、直肠静脉丛和脐周围静脉网，并指出肝门静脉的合成、属支及肝门脉高压时血液侧支循环途径。

7. 在离体肝标本并结合腹腔脏器动、静脉解剖标本观察肝静脉及注入部位。

小结

由实验教师强化性地将本次实验的主要内容进行概括性的小结。

1. 总结主动脉分支和分布概况。

2. 总结全身主要动脉的脉搏点和止血点。

3. 鼻根至两侧口角的三角区——危险三角区。面部静脉无瓣膜，因此，面部尤其是鼻根至两侧口角的三角区内发生化脓性感染时，若处理不当，则有导致颅内感染的可能。其途径是：面静脉通过眼静脉与海绵窦相通，而面静脉又借面深静脉与翼静脉丛相通，翼静脉丛借导血管通过卵圆孔、破裂孔等与海绵窦相通。因此，鼻及上唇部的感染易引起海绵窦的疾患，所以称鼻根至两侧口角的三角区为"危险三角区"。

实训练习十三

一、观察标本并与图 13-1 比较，在相应横线上填写图中标示的颈外动脉的分支血管名称。

1 _____
2 _____
3 _____
4 _____
5 _____
6 _____
7 _____

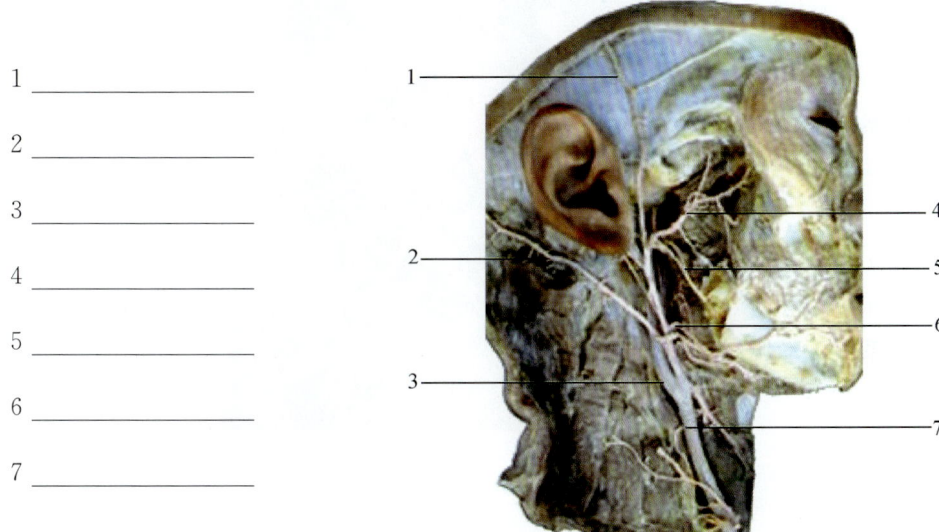

图 13-1　颈部血管

二、在相应横线上填写图 13-2 中标示的主动脉弓各分支名称。

1 _____
2 _____
3 _____
4 _____
5 _____
6 _____
7 _____

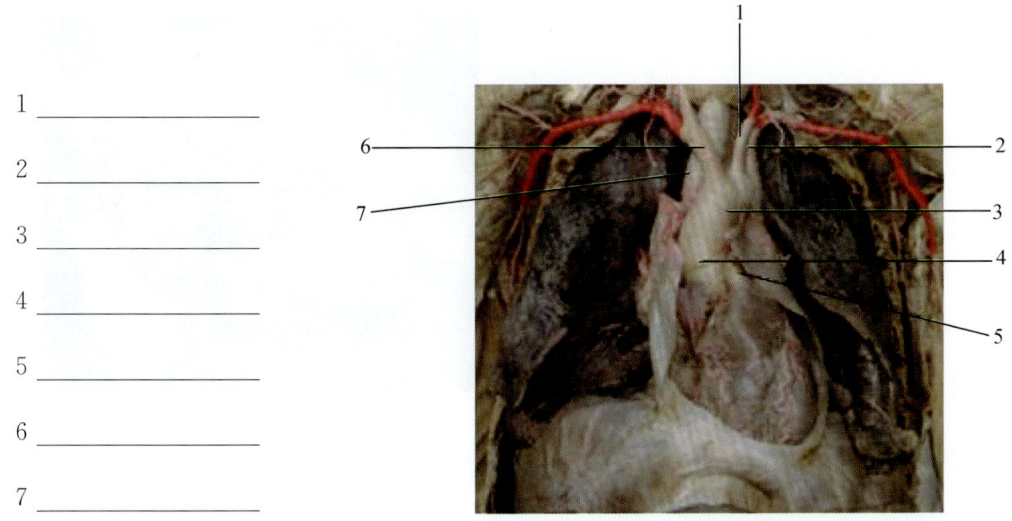

图 13-2　主动脉弓分支

三、观察标本，在图 13-3 中找出腹腔动脉的主干及其重要分支，试着用线条连接起来。

腹腔动脉　　　　　　　　　　　　　　肾动脉

　　　　　　　　　　　　　　　　　　髂总动脉

肠系膜上动脉

　　　　　　　　　　　　　　　　　　腰动脉

肠系膜下动脉

图 13-3　腹腔的动脉一

四、试着在腹腔血管的标本上找出图 13-4 中标示的结构并将名称填写在相应横线上。

1 _____
2 _____
3 _____
4 _____
5 _____
6 _____
7 _____

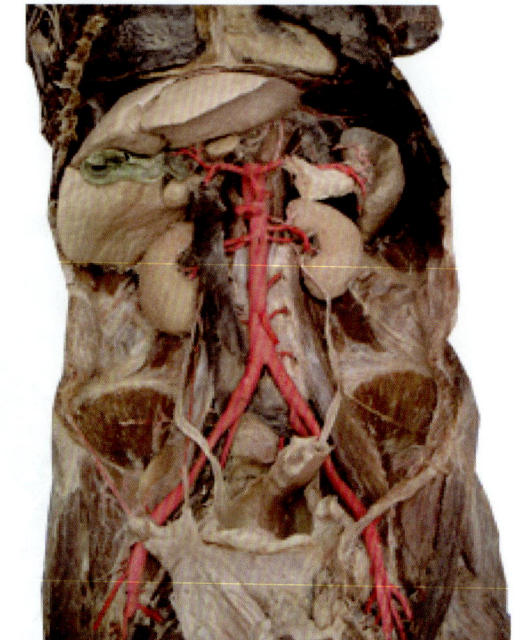

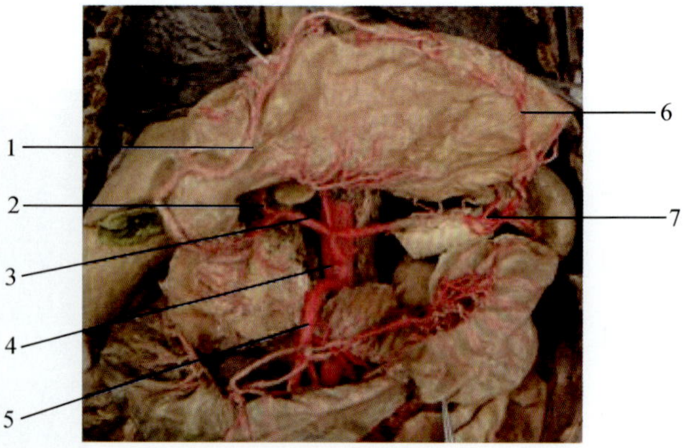

图 13-4　腹腔的动脉二

五、请在腹腔动脉标本上找到图 13-5 中标示的结构，并将名称填写在相应的横线上。

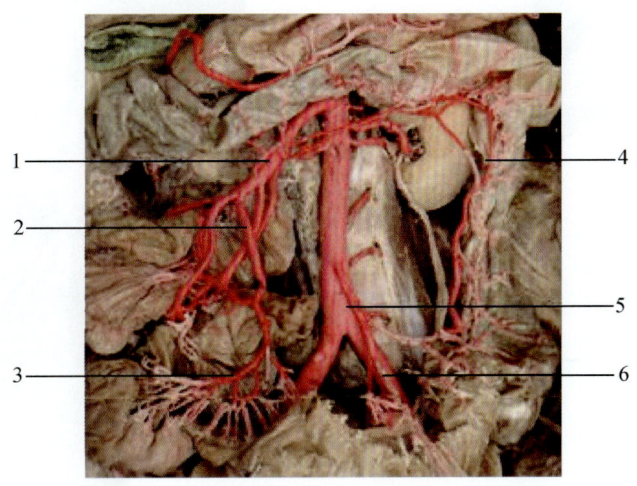

图 13-5　腹腔的动脉三

1 _____　　2 _____

3 _____　　4 _____

5 _____　　6 _____

六、请在臀部的正中矢状切面标本上找到图 13-6 中标示的血管，并将名称填写在相应横线上。

1 _____

2 _____

3 _____

4 _____

5 _____

6 _____

7 _____

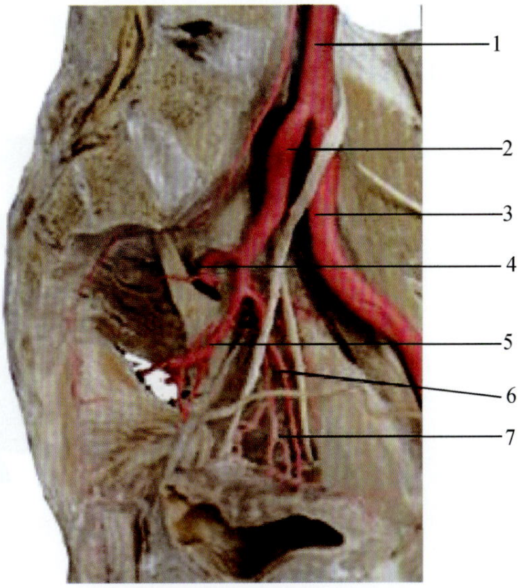

图 13-6　臀部血管

七、通过比较在标本上找出图13-7和图13-8中标示的血管，并将名称填写在相应横线上，注意它们的分支。

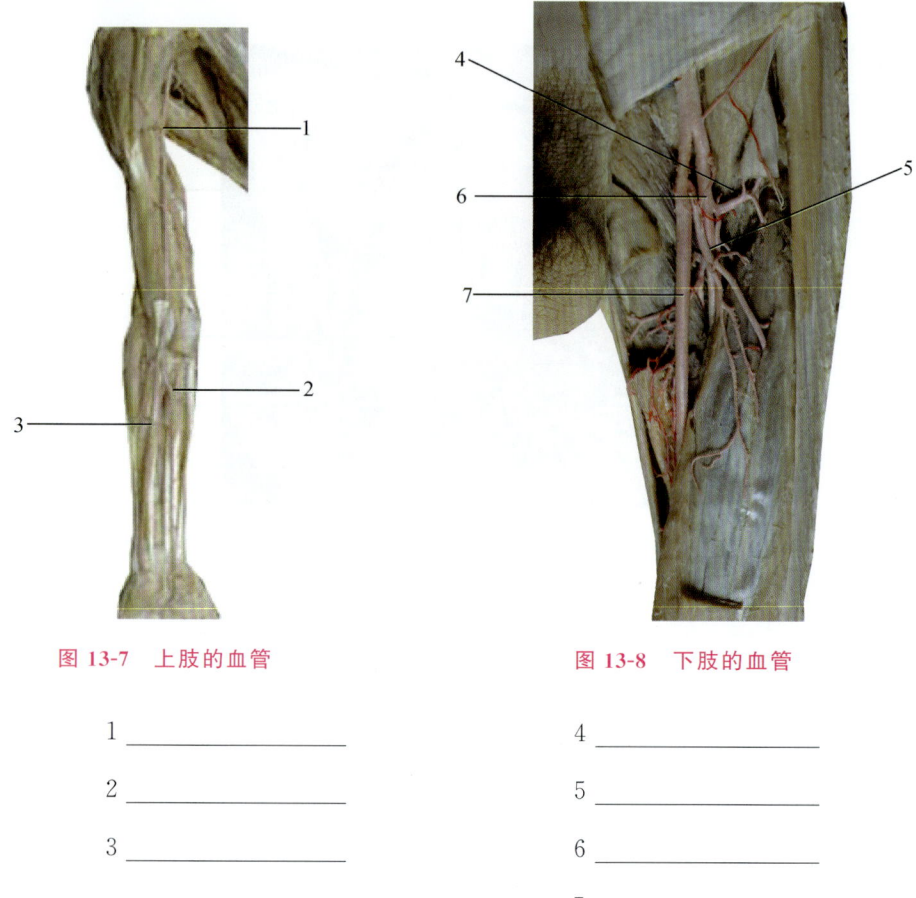

图13-7　上肢的血管　　　　　　　图13-8　下肢的血管

1 _____　　　　4 _____

2 _____　　　　5 _____

3 _____　　　　6 _____

　　　　　　　　　　　　　　7 _____

八、看看这张仰卧人体头颈部静脉血管图（图13-9），与你所看的标本比较，并将图中标示的静脉填写在相应的横线上。

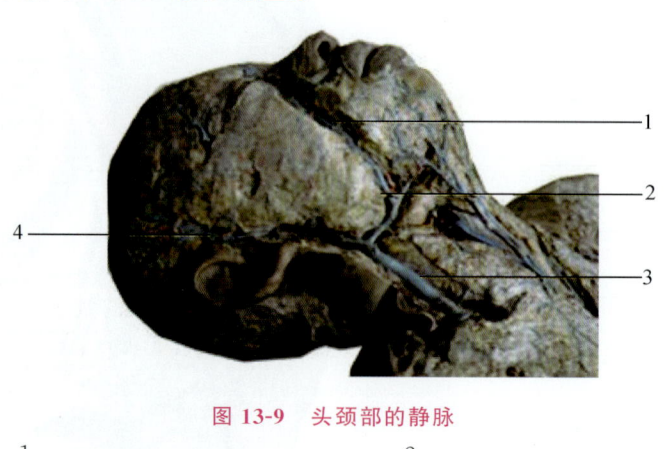

图13-9　头颈部的静脉

1 _____　　　　2 _____

3 _____　　　　4 _____

九、请将图13-10中的结构与你所看到的标本进行比较，找出图中标示的淋巴管道，并填写在相应横线上，注意动脉血管的分支。

1 _____

2 _____

3 _____

4 _____

5 _____

6 _____

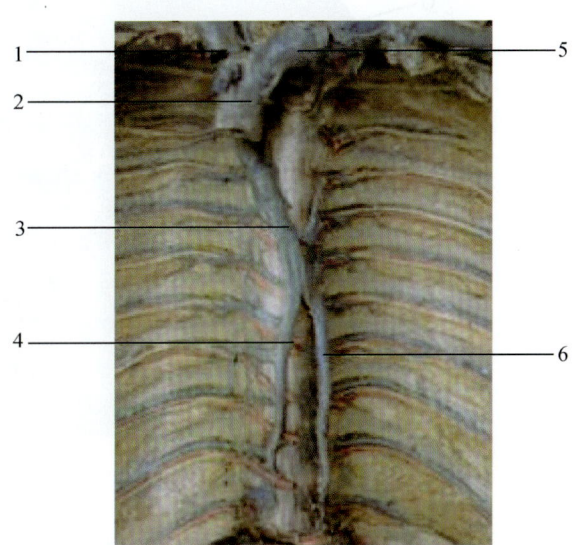

图 13-10　淋巴管道一

十、在标本上找到图13-11和图13-12中标示的淋巴结，并在相应横线上填写这几区淋巴结名称。

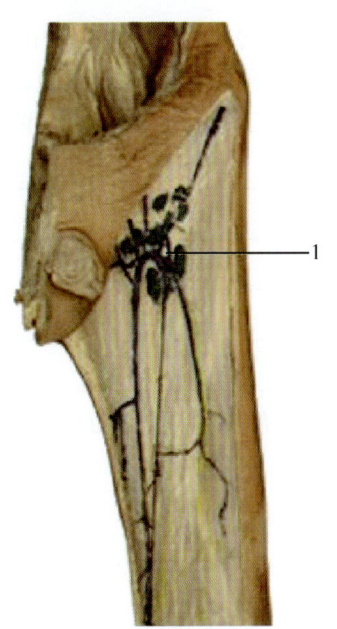

图 13-11　淋巴结二

1 _____

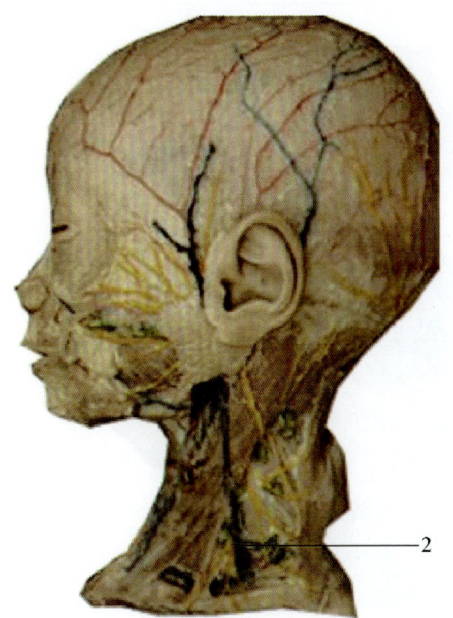

图 13-12　淋巴结三

2 _____

十一、综合分析题

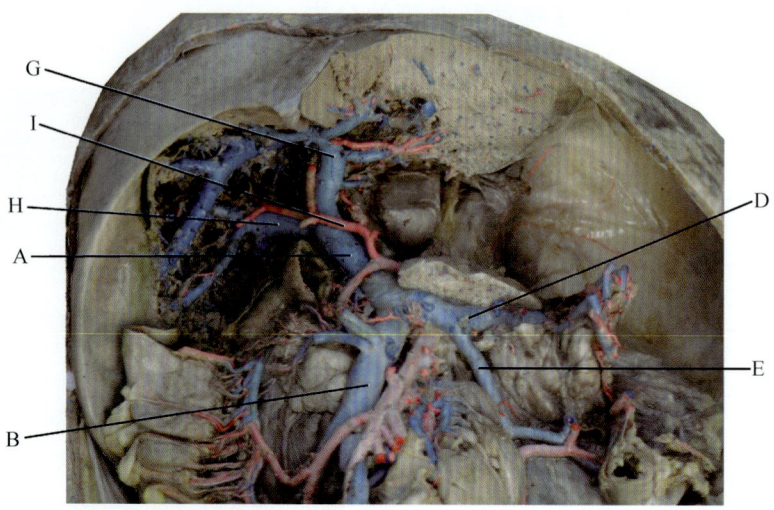

图 13-13　肝门静脉系一

1. 图 13-13 所示标本已经原位切除了胃，同时还切除了部分肝，你能找到胃的静脉血管的残端吗？请在图中用小三角形和字母"F"标注出来，然后填空：
   A _____　B _____　D _____　E _____
2. 在图 13-13 中用线条标出肝内的门脉主支，请在图中一并标出与其伴行的动脉（红色）。
   G _____　H _____　I _____

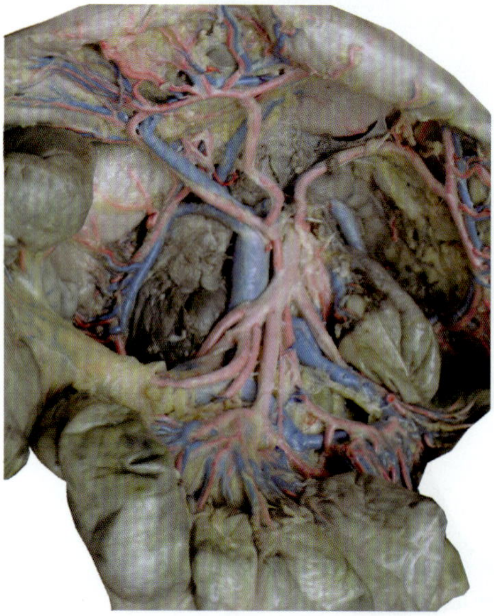

4. 临床上肝硬化患者的典型症状中有肝淤血、门静脉系统所属区域的脏器淤血。请你结合图 13-14 中的门静脉分支列出这些淤血脏器。
   _____
   _____
   _____
   _____
   _____

5. 图 13-14 中与静脉主干伴行的动脉是 _____
   _____。

图 13-14　肝门静脉系二

实验指导教师 _____

_____年_____月_____日

实验十四　感觉器、内分泌系统

【实验目的与要求】

➢ 掌握内容
1. 视器的组成。
2. 眼球壁的构成，各部形态结构及其功能。
3. 眼球内容物的组成、形态结构，眼房的位置、分部，房水的产生和回流途径，眼的屈光系统的组成。
4. 结膜的形态和分部。
5. 泪器的组成、形态、位置和开口。
6. 眼外肌的名称、作用和神经支配。
7. 外耳道的位置、形态、分部和婴儿外耳道的特点。
8. 鼓室的六个壁的位置、构成、形态特点、毗邻和交通；鼓膜的位置、形态和分部。
9. 咽鼓管的位置、形态、分部、开口；幼儿咽鼓管的特点。
10. 乳突小房和乳突窦的位置和交通。
11. 内耳的组成，骨迷路和膜迷路的形态、分布和功能。
12. 听觉和位置觉感受器的位置和功能。
13. 甲状腺、甲状旁腺、肾上腺、垂体、松果体的形态位置。

➢ 熟悉内容
1. 感受器和感觉器的概念、感受器的分布和分类。
2. 眼球的外形、位置和组成。
3. 眼副器的组成和功能。
4. 视网膜中央动脉的走行、分支和分布。
5. 前庭蜗器的组成和各部的作用、中耳的组成。
6. 声波的传导途径。
7. 内分泌腺的定义和结构特点及其分类和功能。

➢ 了解内容
1. 眼睑的形态和构造、眶脂体和眶筋膜的形态特点。
2. 眼动脉的走行和分布、眼静脉的回流。
3. 耳廓的形态，听小骨的名称和连接，鼓膜张肌和镫骨肌的作用，内耳的位置、形态。
4. 性腺、胰岛及胸腺的位置，内分泌腺分泌的激素和功能。

【实验教具】

1. 眼球标本和模型。
2. 牛或猪眼球冠状切面和水平切面标本。
3. 泪器的解剖标本。

实验十四 感觉器、内分泌系统

4. 眼球外肌的解剖标本和模型。
5. 耳的解剖标本和模型。
6. 颞骨的锯开标本。
7. 听小骨标本。
8. 内耳模型。
9. 头、颈部矢状切面标本（示垂体、松果体）。
10. 颈部标本或模型（示甲状腺、甲状旁腺）。
11. 童尸标本（示胸腺）。
12. 腹后壁标本（示肾上腺）。

【实验内容与教学方法】

（一）眼（视器）

1. 眼球　六人一组，观察眼球标本和模型。

（1）在眼球标本和模型上，观察眼球的外形和结构。

（2）在牛或猪眼球冠状切面标本的前半部上，由后向前依次观察以下结构：①充满于眼球内的透明胶状物，即为玻璃体。②玻璃体前方透明的晶状体。③晶状体周围的黑色环形增厚部为睫状体，其前份的后面，呈放射状排列的皱襞即睫状突。④晶状体与睫状突之间有纤细的睫状小带。⑤去除晶状体，可见到位于其前方的虹膜，虹膜中央的孔称瞳孔。⑥角膜是眼球壁外层前部的透明薄膜。角膜与晶状体之间的间隙称眼房，被虹膜分为前房和后房。

（3）在牛或猪眼球冠状切面标本的后半部上，由前向后观察下列内容：①透过玻璃体可见到乳白色的视网膜，易从眼球壁剥离。②在视网膜上可见红色细线状的视网膜中央动脉的分支，各支都来自视神经盘。③去除玻璃体和视网膜，可见一层黑褐色的薄膜即脉络膜。④脉络膜外周的一层乳白色结构即巩膜。

（4）在猪眼球或牛眼球水平切面的标本上，观察眼球的前房、后房、晶状体与玻璃体以及眼球壁的三层膜，即眼球纤维膜、眼球血管膜和视网膜。

（5）两人一组，在活体上，观察角膜、巩膜、虹膜和瞳孔。

2. 眼副器　两人一组，活体观察眼睑。

（1）在活体上，观察以下结构：①上、下睑缘和睫毛；②内眦和外眦；③上、下睑缘在近内眦处的泪点；④睑结膜和球结膜以及结膜上、下穹的位置。

六人一组，观察泪器和眼球外肌的解剖标本。

（2）在泪器的解剖标本上，观察泪腺的形态和位置；泪囊、泪点、泪小管和鼻泪管的位置。

（3）在眼球外肌的解剖标本上，观察上睑提肌、上直肌、下直肌、内直肌、外直肌、和上、下斜肌的位置。

（二）耳（前庭蜗器）

两人一组，活体观察外耳。

1. 在耳的解剖标本上并结合活体，观察耳廓的形态、外耳道分部和弯曲。

六人一组，观察耳的解剖标本、颞骨的锯开标本、内耳模型。

2. 在颞骨的锯开标本和耳的解剖标本上，观察以下内容：

（1）鼓室的位置和形态；鼓室外侧壁即鼓膜的形态和分部；内侧壁上的前庭窗、蜗窗的形态；前壁与咽鼓管的连通关系；后壁与乳突窦的连通关系，乳突小房的形态；上壁（鼓室盖）与颅中窝的关系；下壁与颈内静脉的关系。

（2）听小骨的名称及连接关系。

3．在耳的解剖标本上和内耳模型上，观察以下内容：

（1）内耳在颞骨中的位置以及骨迷路和膜迷路的位置关系。

（2）骨半规管、前庭和耳蜗的位置和形态　①每个骨半规管上膨大的骨壶腹；②前庭外侧壁上的前庭窗与蜗管；③蜗窗的位置以及环绕蜗轴的骨螺旋管和骨螺旋板。

（3）膜迷路各部的形态和位置　①膜半规管内的壶腹嵴；②前庭内的椭圆囊和球囊，以及分别位于两囊壁上的椭圆囊斑和球囊斑；③耳蜗内的蜗管以及位于蜗管基底膜上的螺旋器；前庭阶和鼓阶的位置。

（三）内分泌系统

六人一组，取全身主要内分泌腺解剖标本或模型，观察甲状腺、甲状旁腺、肾上腺、垂体、胸腺的位置、形态。

实训练习十四

一、观察图 14-1，在图上用线条标出眼球及泪腺的位置，并在相应横线上填写图中标示的结构名称。

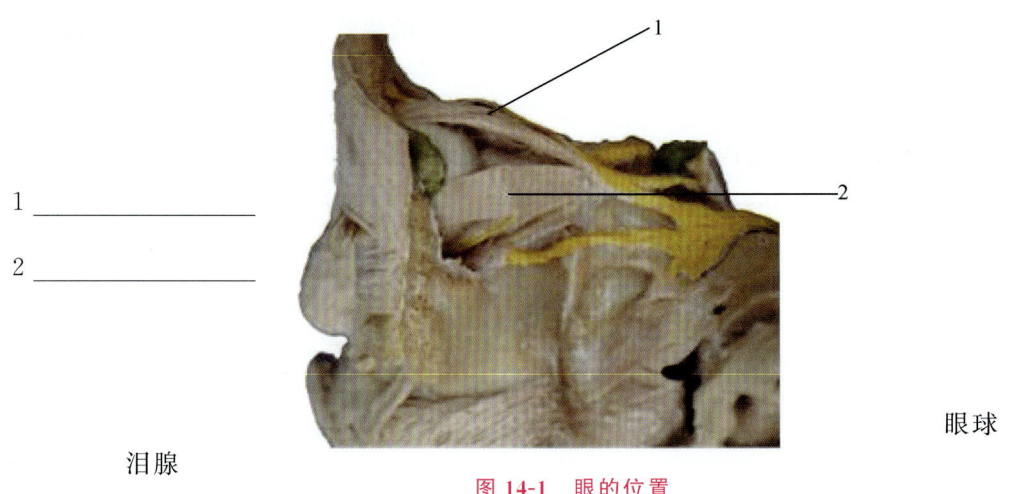

1 _____

2 _____

泪腺

眼球

图 14-1　眼的位置

二、请将图 14-2 中标示的眼底的结构和血管名称填写在相应的横线上。

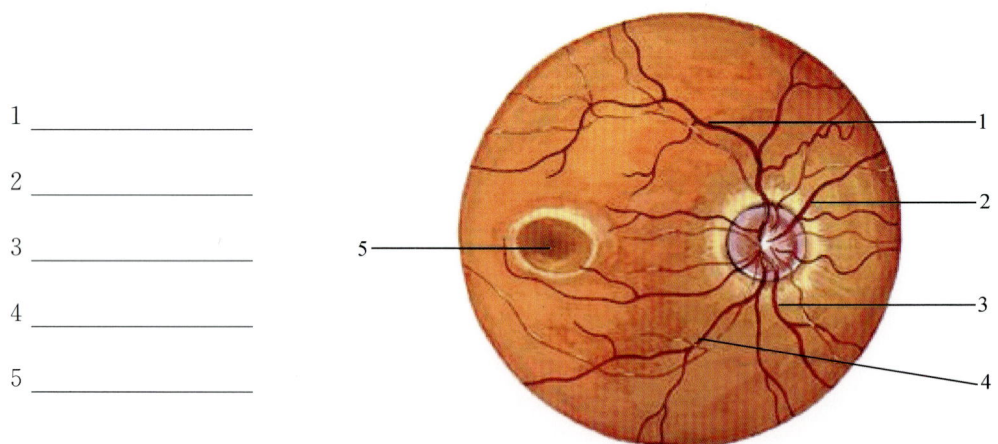

1 _____
2 _____
3 _____
4 _____
5 _____

图 14-2　眼底模式图

三、找出图 14-3 中的眼外肌，试着将其在图中标示出来，注意下面观的角度因素。

1 下直肌

2 下斜肌

3 外直肌

4 内直肌

图 14-3　眼外肌下面观

四、在标本上找出眼球及其眼外肌，观察它们在颅腔下方的位置，与图 14-4 中标示的结构比较，试着将名称填写在相应横线上。

1 _____

2 _____

3 _____

4 _____

图 14-4　眼球及眼外肌整体观

98　实训练习十四

五、请在相应横线上填写图 14-5 中听小骨的结构名称。

1 _____
2 _____
3 _____
4 _____
5 _____

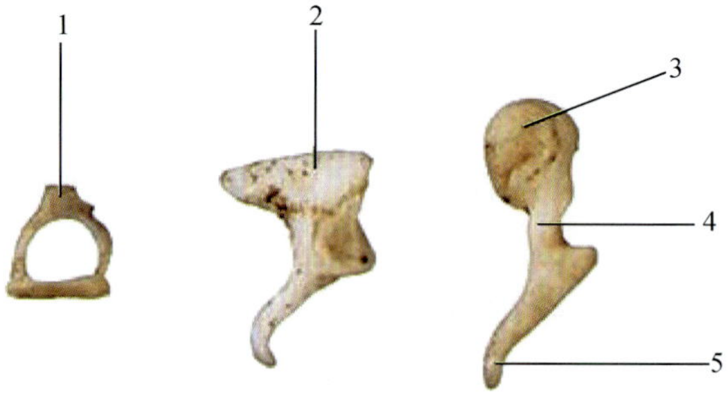

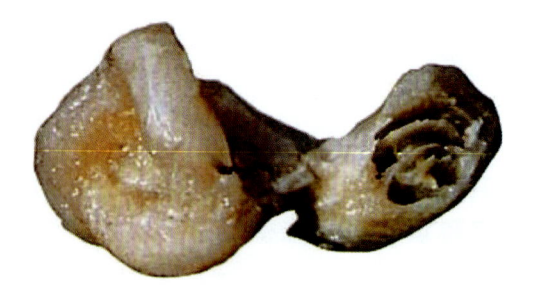

图 14-5　听小骨

六、为图 14-6 和 14-7 中前庭器及蜗器找到相应的结构，并连线。

螺旋板

蜗管

耳蜗

图 14-6　前庭蜗器一

外骨半规管

前骨半规管

后骨半规管

骨壶腹

前庭

图 14-7　前庭蜗器二

七、找到图 14-8～14-10 中标示的人体内分泌器官并在相应横线上填写名称。

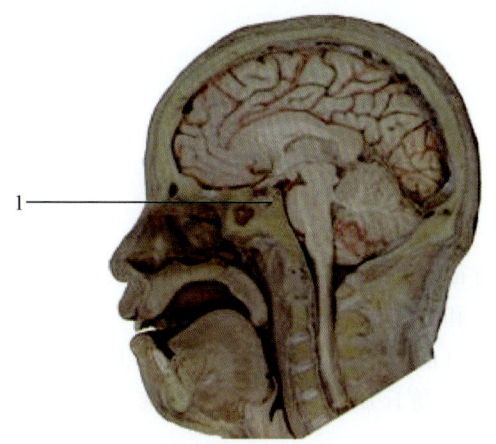

图 14-8　头部正中矢状切面

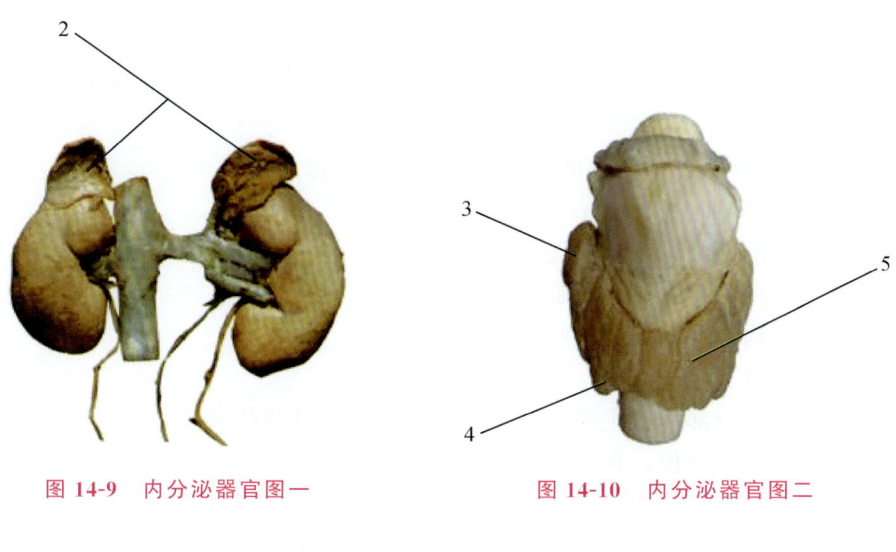

图 14-9　内分泌器官图一　　　　图 14-10　内分泌器官图二

1 _____　　2 _____　　3 _____

4 _____　　5 _____

实验指导教师_____

_____年_____月_____日

实验十五　中枢神经系统

【实验目的与要求】

➢ 掌握内容
1. 脊髓的位置和形态特征，脊髓节段与椎骨的对应关系。
2. 脊髓灰、白质的形态和分部。
3. 脊髓灰质的主要核团（前角运动细胞、胶状质、后角固有核、中间外侧核），主要的上行纤维束（薄束、楔束、脊髓丘脑束）和下行纤维束（皮质脊髓束）的位置、起止和功能。
4. 脑的位置与分部。
5. 脑干的组成、外形，第四脑室的位置和形态，脉络丛的概念。
6. 脑神经核在脑干中的分布特点、位置、功能及其联系。
7. 脑干重要的上行纤维束（四大丘系）和下行纤维束（锥体束）的起止、位置、交叉、特点和功能。
8. 小脑的位置与分部、小脑扁桃体的部位及其临床意义。
9. 间脑的位置和分部。
10. 特异性核团的纤维联系和功能。
11. 第三脑室的位置和联通，侧脑室的位置、分部和联通。
12. 端脑的主要沟裂、脑回及分叶情况。
13. 基底核的位置、组成。
14. 内囊的位置、分部、各主要纤维束的局部位置及其临床意义。
15. 端脑皮质的功能定位，视觉、听觉、语言中枢的位置。
16. 硬脊膜的形态特征，硬膜外隙的内容物及其与硬膜外麻醉的关系。
17. 硬脑膜的组成特点，形成结构（大脑镰、小脑幕）的位置和形态。
18. 硬脑膜窦的位置、分部和联通。
19. 蛛网膜粒，蛛网膜下隙的概况，主要蛛网膜下池（小脑延髓池、脚间池、终池等）的位置及临床意义。
20. 脑脊液的产生及其循环途径。
21. 脑血管供应的两个来源及分布。
22. 颈内动脉、椎动脉和基底动脉的行径及其主要分支、分布。
23. 大脑动脉环的组成、位置及其意义。

➢ 熟悉内容
1. 脊髓主要中继核（薄束核、楔束核）的位置和联系。
2. 网状结构的概念。
3. 小脑的分叶、小脑脚。
4. 小脑核团的名称、位置和纤维联系。

5. 背侧丘脑核团的划分。

6. 下丘脑的主要核团。

7. 胼胝体的位置与分部。

8. 脊髓的血液供应来源和供血概况。

9. 颅内、外静脉的交通及其意义。

➢ 了解内容

1. 脊髓灰质细胞的构筑分层；脊髓小脑前、后束，前庭脊髓束、顶盖脊髓束、网状脊髓束和内侧纵束。

2. 脊髓的主要功能。

3. 脑干外形与内部结构的关系。

4. 脑干代表性切面的结构特点。

5. 脑干网状结构的位置和功能。

6. 小脑的功能。

7. 下丘脑的主要核团的纤维联系和功能。

8. 基底核的主要功能意义、大脑半球白质概况。

9. 边缘系统的概念及其功能。

10. 软脊膜与软脑膜的概况。

11. 脑脊液的性质及功能。

12. 脊髓的危险区。

13. 脑静脉的收集及回流。

14. 血脑屏障的概念及类型。

【实验教具】

（一）大体标本

1. 神经系统概况、童尸整体标本。

2. 包裹被膜（已纵行切开）的离体脊髓标本。

3. 不同脊髓节段的水平切面标本。

4. 头颈正中矢状切面标本。

5. 脑干连间脑标本。

6. 脑的正中矢状切面和冠状切面标本。

7. 离体小脑及其水平切面标本。

8. 完整脑标本和端脑水平切面标本。

9. 游离的脑被膜标本。

10. 冠状切开椎管的脊柱标本（带腰椎穿刺针）。

11. 带血管的脑标本和脊髓标本。

12. 脑室铸型标本。

（二）模型和挂图

1. 脊髓连脊神经根模型（显示脊髓横断面、脊神经根及分支）。

2. 带血管的脊髓模型（含横切面结构）。

3. 电动透明脑干模型和普通脑干模型和挂图。

4. 脑的正中矢状切面、额状切面及水平切面的模型和挂图。

5. 小脑、间脑、全脑模型。

【实验内容与教学方法】

（一）脊髓

1. 位置　在神经系统概况、童尸整体标本上观察：脊髓的位置、脊髓下端与椎骨的对应关系，终丝的附着部位。自上而下检查脊神经的走向，观察马尾的组成，辨认脊髓的两处膨大和脊神经节。

2. 被膜　在包裹被膜的离体脊髓标本上，从外向内观察：脊髓外面的三层被膜（即硬脊膜、脊髓的蛛网膜、软脊膜）及其特点；找出蛛网膜下隙位置，明确其内容物是什么。在冠状切开椎管的脊柱标本上，辨认硬膜外隙的位置，明确其特点是什么。结合标本演示腰椎穿刺术的进针部位、穿刺针依次穿过的解剖结构，并让学生体会穿刺针穿透黄韧带时的"落空感"。

3. 形态　在包裹被膜的离体脊髓标本上观察：颈膨大、腰骶膨大、脊髓圆锥、终丝、马尾；在脊髓连脊神经根模型上观察脊神经前、后根的关系，指认脊髓表面的5条沟、1条裂、脊神经节和脊髓节段。

4. 内部结构　在不同脊髓节段的水平切面标本和带血管的脊髓模型（含横切面结构）上，观察横切面灰质、白质的轮廓及其配布上的差别，指认灰质的前角和后角、白质的分部（3个索）、脊髓中央管等，并在胸部脊髓节段的水平切面标本上辨认灰质侧角。画脊髓胸段横切面图，标注灰质各部核团及白质各索内的主要传导束的名称（薄束楔束、脊髓丘脑束、皮质脊髓束）、位置，明确其性质。

5. 血管　在带血管的脊髓标本和模型上观察脊髓前、后动脉的起始和分布。

（二）脑干

1. 位置　在完整脑标本和脑正中矢状切面标本上，辨认脑的分部（脑干、小脑、间脑和端脑）及脑干的位置。

2. 形态和组成　在脑干连间脑标本或模型上，观察脑干的组成（自上而下依次为中脑、脑桥、延髓）和外形，第Ⅲ～Ⅻ对脑神经的连脑部位以及菱形窝的位置、构成。

3. 在电动透明脑干模型和普通脑干模型上观察

（1）脑神经核的位置　①躯体运动核：动眼神经核、滑车神经核、展神经核、舌下神经核、三叉神经运动核、面神经核、疑核和副神经核；②内脏运动核：动眼神经副核、上泌涎核、下泌涎核、迷走神经背核；③内脏感觉核：孤束核；④躯体感觉核：三叉神经中脑核、脑桥核及脊束核，前庭神经核、蜗神经核。

（2）非脑神经核的位置　薄束核、楔束核、红核。

（3）其他结构　前正中裂、前外侧沟、基底沟、延髓脑桥沟、迷走神经三角、舌下神经三角、锥体交叉、锥体、上丘、下丘、薄束结节、楔束结节、大脑脚、脚间窝、黑质。

（三）小脑

1. 形态和分叶　在离体小脑标本上观察小脑半球、小脑蚓部、绒球、小结的形态，原裂、小脑扁桃体的位置（理解小脑扁桃体疝的形成与其所在位置的关系）及小脑分叶（前叶、后叶、绒球小结叶）。

2. 内部结构　在小脑水平切面标本上观察小脑皮质、髓质、齿状核、栓状核球状核、顶核。

(四) 间脑

1. 组成和形态　取脑干标本或模型，从腹侧面观察下丘脑的组成（从前向后依次为视交叉、漏斗、垂体、灰结节、乳头体）；从背侧面观察背侧丘脑、后丘脑、上丘脑的位置、形态，并辨认内、外侧膝状体（背侧丘脑后下方的两个小团块）。

2. 位置和毗邻　在脑的正中矢状切面标本或模型上观察间脑的位置、毗邻关系，第三脑室的位置及连通。

(五) 端脑

1. 外形　在脑和脑的正中矢状切面标本或模型上观察：①三个面，即上外侧面、内侧面和下面；②三条叶间沟：在上外侧面找到外侧沟和中央沟，在内侧面胼胝体后下方找到顶枕沟；③端脑分叶：根据上述叶间沟辨认额叶、顶叶、枕叶、颞叶、岛叶；④大脑纵裂、横裂、嗅球、嗅束、嗅三角、视神经、视交叉、灰结节、乳头体。

2. 端脑各叶的主要沟、回　在脑和脑的正中矢状切面标本或模型上观察：①额叶的中央前沟（回）、额上沟（回）、额下沟（回）、额中回；②顶叶的中央后沟（回），顶内沟和顶上、下小叶，缘上回、角回；③枕叶的距状沟，侧副沟，海马旁回、钩；④颞叶的颞上沟（回）、颞下沟（回）、颞中回、颞横回。

3. 内部结构

(1) 在端脑水平切面标本上观察　①大脑皮质和髓质、胼胝体的位置；②背侧丘脑、豆状核（壳、苍白球）、屏状核的位置关系；③内囊呈"＞＜"形，辨认内囊前、后肢和膝部，明确各部内纤维束的性质，理解内囊受损时可能出现的临床表现；④在外侧沟处由外侧向内侧辨认岛叶皮质、屏状核、豆状核、内囊、尾状核头和尾、背侧丘脑、侧脑室等结构。

(2) 在脑冠状切面标本上观察　大脑皮质、胼胝体、侧脑室、第三脑室、背侧丘脑、尾状核体、内囊、豆状核、屏状核等。

4. 侧脑室　在脑室铸型标本和端脑水平切面标本或模型上观察侧脑室的位置、分部、沟通关系。在脑的正中矢状切面标本或模型上观察脉络丛、侧脑室、第三脑室、中脑水管、第四脑室的形态、位置及其连通，明确脑脊液的产生和循环途径。

5. 被膜　在头颈正中矢状切面标本和游离的脑被膜标本上观察硬脑膜在颅顶和颅底附着情况，硬脑膜、脑的蛛网膜、软脑膜的性状，找出硬膜外隙和蛛网膜下隙，明确其各自特点是什么。指认大脑镰、小脑幕、上矢状窦、下矢状窦、直窦、窦汇、横窦。

6. 血管　在带血管的脑标本或模型上观察大脑前、中、后动脉在端脑表面的走行、主要分支及分布；基底动脉的位置、主要分支分布；大脑动脉环的位置及形成。在带血管的脑标本和游离的脑被膜标本上观察脑静脉（示大脑浅静脉及经硬脑膜窦注入颈内静脉途径）。

实训练习十五

一、观察脑标本并与图 15-1 比较，在相应横线上填写图中标示的大脑分叶名称。

1 _____

2 _____

3 _____

4 _____

5 _____

6 _____

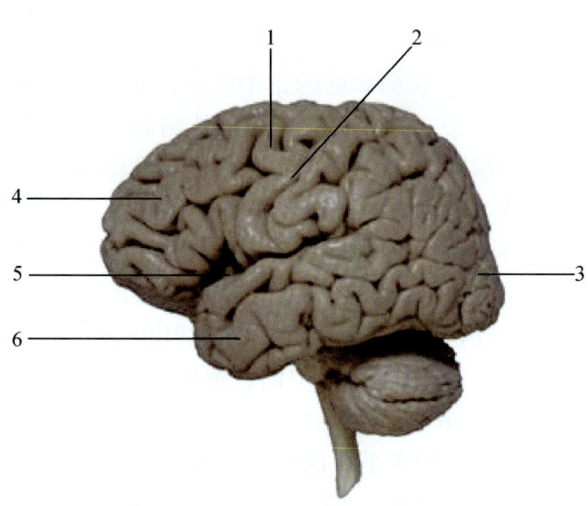

图 15-1　大脑外侧面观一

二、观察去除脑的额叶、颞叶及顶叶部分的标本，并与图 15-2 比较，在相应横线上填写图中标示的脑的各分叶。

1 _____

2 _____

3 _____

4 _____

5 _____

6 _____

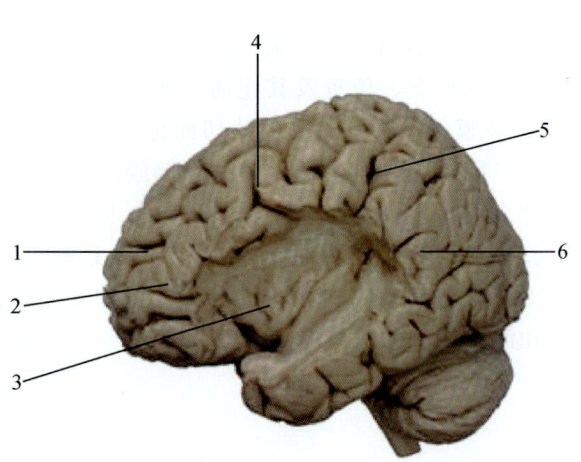

图 15-2　大脑外侧面观二

三、请在模型上找到图 15-3 中标示出的结构，试着在相应横线上填写其结构名称。

1 _____
2 _____
3 _____
4 _____
5 _____
6 _____

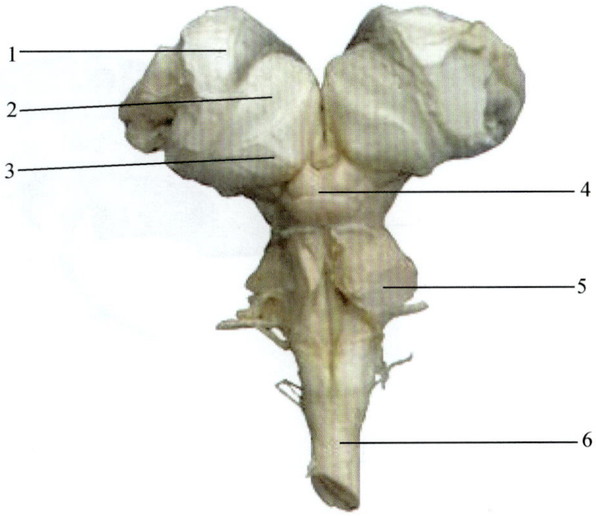

图 15-3　脑干侧面观

四、试着在模型上找出图 15-4 中标示的脑干腹侧面的结构，将名称填写在相应横线上。

1 _____
2 _____
3 _____
4 _____
5 _____
6 _____

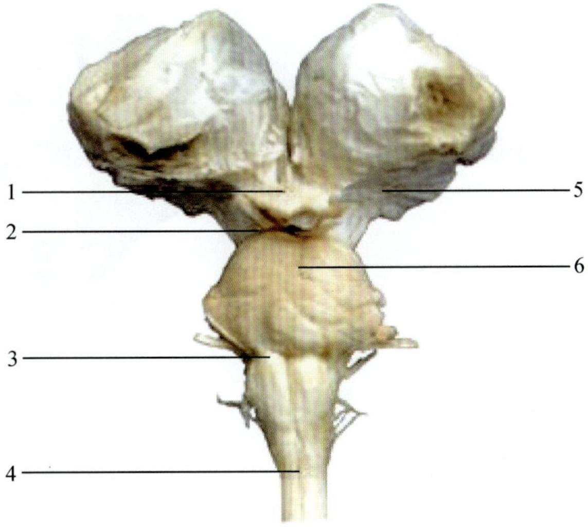

图 15-4　脑干腹侧面观

五、在端脑整体观的内侧面寻找边缘叶，与图 15-5 中的结构比较，在相应横线上填写标示的结构名称。

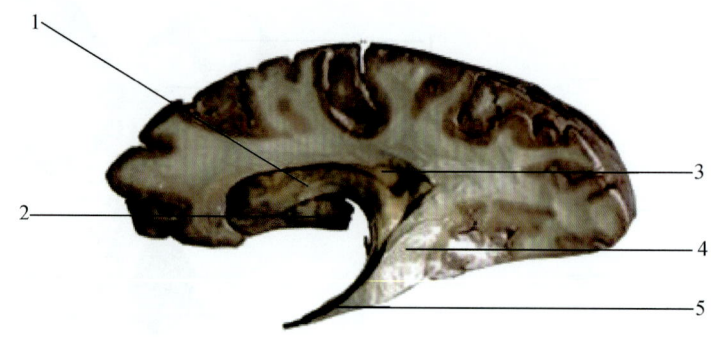

图 15-5 端脑剖面观

1 _____ 2 _____

3 _____ 4 _____

5 _____

六、比较小脑标本与图 15-6 和图 15-7 中的结构，把列出的结构与之在图中相应的位置用线条连接。

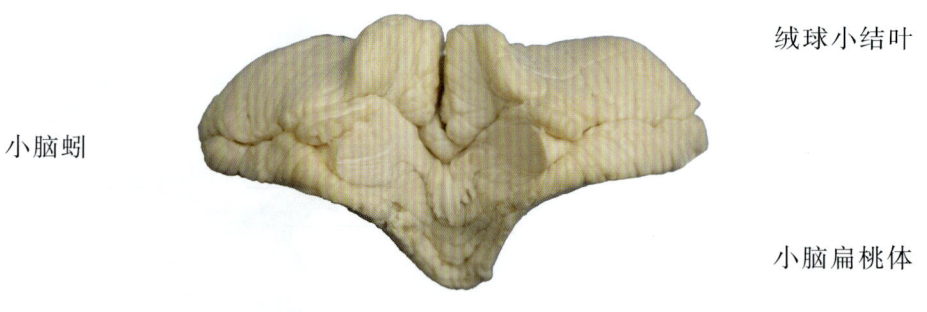

图 15-6 小脑下面观

绒球小结叶

小脑蚓

小脑扁桃体

图 15-7 小脑上面观

小脑半球

小脑蚓

原裂

七、试在相应横线上填写图 15-8 中标示的结构名称。

1 _____

2 _____

3 _____

4 _____

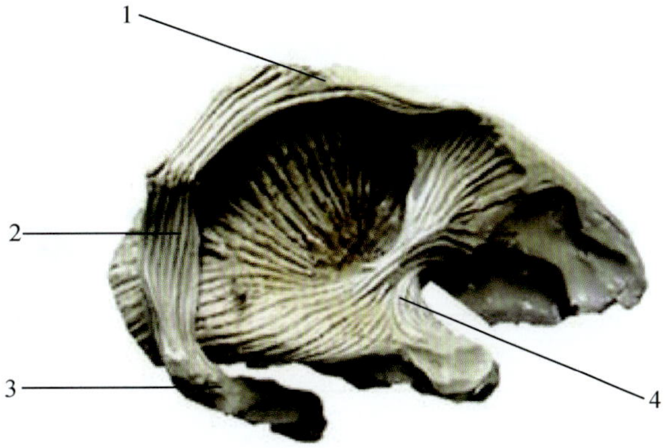

图 15-8　大脑内部纤维走行图一

八、图 15-9 是大脑内部纤维束的剥制标本，找出图 15-8 中剥去的纤维束，将名称填在相应横线上。

1 _____

2 _____

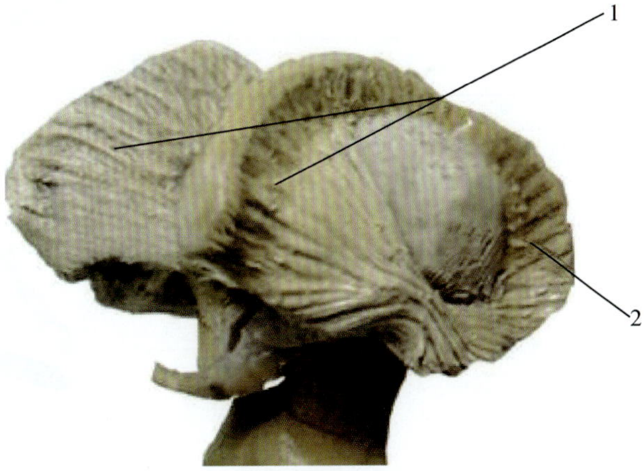

图 15-9　大脑内部纤维走行图二

108 实训练习十五

九、观察脑室的模型，与标本对比，请用小方框标出图 15-10 和图 15-11 中脑室的位置，并在横线上填写出图中标示的其他相关的结构名称。

1 _____
2 _____
3 _____
4 _____
5 _____

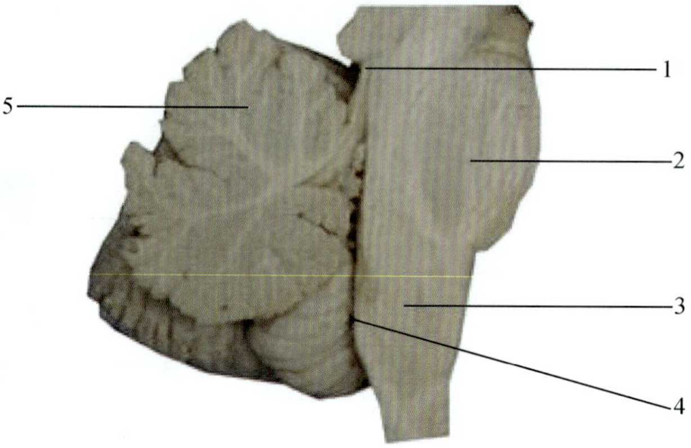

图 15-10　脑室剖面观

6 _____
7 _____
8 _____
9 _____

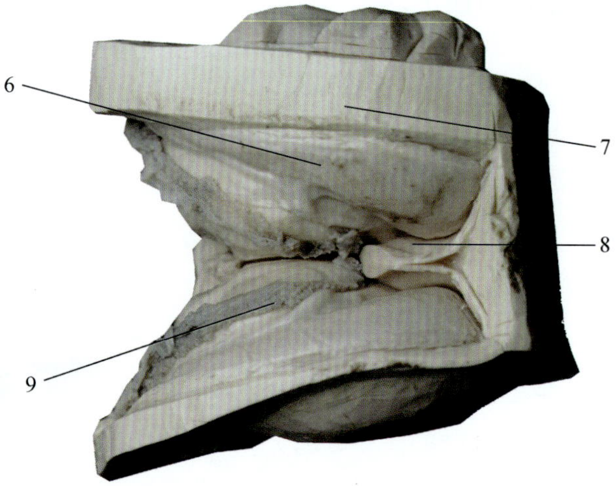

图 15-11　脑室上面观

实验指导教师_____

_____年_____月_____日

实验十六　周围神经系统

【实验目的与要求】

➤ 掌握内容

1. 脑神经的名称顺序及其连接脑和出脑的部位。
2. 视神经的功能、行径及分布概况。
3. 动眼神经的纤维成分、行径及支配，滑车神经、展神经的分布。
4. 三叉神经的纤维成分、三叉神经节的位置、三大分支及其主要分支和分布。
5. 面神经的纤维成分、行径，主要分支（鼓索、表情肌支）的分布。
6. 舌咽神经的纤维成分、主要分支的分布。
7. 迷走神经的纤维成分、主干行径，喉上神经的位置、分布，喉返神经的行径和分布。
8. 副神经主干的行径及分布概况。
9. 舌下神经的分布。
10. 脊神经的构成。
11. 颈丛、臂丛、腰丛、骶丛的组成、位置。
12. 膈神经、正中神经、肌皮神经、尺神经、桡神经、腋神经的分支分布。
13. 股神经、坐骨神经的行程及分布，胫神经、腓总神经的分支及分布。
14. 交感神经和副交感神经低级中枢的部位。
15. 交感神经节前、节后纤维的去向和分布规律。
16. 颈上节的位置，颈部、腰部、盆部节后纤维的分布概况。
17. 内脏大、小神经及其联系和分布概况。
18. 四对脑神经（动眼神经、面神经、舌咽神经、迷走神经）中，副交感节前纤维的起始、交换神经元的部位、节后纤维的分布。
19. 交感神经和副交感神经对内脏器官的双重支配概况以及它们之间的主要区别。

➤ 熟悉内容

1. 脊神经的纤维成分及分支。
2. 胸神经前支的节段性分布及行径。
3. 迷走神经前、后干在腹腔的分支。
4. 内脏运动神经和躯体运动神经的区别。
5. 交感干的位置、组成，主要的椎前节（腹腔节，肠系膜上、下节）。
6. 颈丛、臂丛、腰丛、骶丛的主要分支的行程。
7. 主要的神经损伤后的临床表现。
8. 颈丛皮支的分布，腰丛的髂腹下神经、髂腹股沟神经、闭孔神经、股外侧皮神经；骶丛的阴部神经，臀上、下神经和股后皮神经的分布。

➤ 了解内容

1. 睫状神经节的位置和动眼神经、滑车神经、展神经损伤后的主要表现。

2. 翼腭神经节、下颌下神经节、耳神经节的位置和性质。
3. 脑神经损伤后的主要表现。
4. 颈中、颈下神经节的位置。
5. 内脏感觉神经的形态结构和功能特点、牵涉痛的概念。
6. 重要器官的神经支配。

【实验教具】

1. 神经系统概况、童尸整体标本。
2. 脊神经组成模型。
3. 颈丛组成及分支标本和模型。
4. 臂丛组成标本。
5. 上肢神经分布标本。
6. 手神经分布瓶装标本。
7. 肋间神经标本。
8. 腹后壁示腰、骶丛组成标本。
9. 下肢神经分布标本。
10. 盆腔矢状切面标本、会阴神经分布瓶装标本。
11. 足底神经分布瓶装标本。
12. 脑、脑干标本和模型。
13. 颅底骨标本和模型。
14. 12 对脑神经标本和模型。
15. 自主神经（植物神经）标本和模型。

【实验内容与教学方法】

（一）脊神经

1. 脊神经的组成及分布　分组观察脊神经组成模型、神经系统（周围神经概况）标本。脊神经是连于脊髓的周围神经，由脊神经前根和后根组成，出椎间孔处分为脊神经前支和后支。脊神经共有 31 对，其中颈神经共有 8 对、胸神经 12 对、腰神经 5 对、骶神经 5 对、尾神经 1 对。

2. 颈丛的组成及主要分支　分组观察颈丛组成及分支标本。颈丛由第 1～4 颈神经前支在胸锁乳突肌上部的深面组成丛，其皮支在胸锁乳突肌后缘中点附近穿出，呈放射状分布。主要观察枕小神经、耳大神经、颈横神经、锁骨上神经。主要肌支为膈神经。在神经系统概况、童尸整体标本上观察膈神经行程和分布。

3. 臂丛

（1）分组观察臂丛组成标本。臂丛由第 5～8 颈神经前支和第 1 胸神经前支大部分组成。臂丛 5 个根的纤维先合成上、中、下三干，再形成内侧束、外侧束和后束，最后由束再发出分支。

（2）把童尸整体标本上肢外展，在腋窝处找到臂丛的主要分支：胸长神经、肌皮神经、正中神经、尺神经、桡神经、腋神经。然后在上肢神经和手神经分布标本上观察臂丛的后 5 个分支，注意观察肌皮神经与喙肱肌的关系、正中神经与旋前圆肌的关系、每个分支的行程和分布范围。

4．胸神经的前支　分组观察肋间神经标本，注意观察肋间神经和肋间后动、静脉的位置关系。

5．腰丛

（1）在腹后壁标本上观察腰丛的组成。腰丛由第 12 胸神经前支的一部分，第 1～3 腰神经前支和第 4 腰神经前支的一部分在腰大肌深面组成丛。同时注意观察髂腹下神经、髂腹股沟神经、股神经、闭孔神经与腰大肌的关系。

（2）在下肢神经分布标本上观察股神经、闭孔神经的分布情况。

6．骶丛　在腹后壁示腰、骶丛组成标本上观察骶丛的组成。骶丛由腰骶干及全部骶神经和尾神经的前支在盆腔、骶骨及梨状肌前面组成丛。从盆腔矢状切面标本和会阴神经分布瓶装标本上观察臀上神经、臀下神经、阴部神经、坐骨神经。利用下肢神经分布标本观察臀上、下神经，坐骨神经与梨状肌的位置关系，观察坐骨神经的行程和分支，腓总神经、胫神经的行程、分支及分布情况。

7．脑神经概况

（1）利用 12 对脑神经标本和模型、颅底骨标本、脑干模型观察 12 对脑神经的连脑、出脑、出颅部位。

（2）在 12 对脑神经标本和模型上观察第Ⅱ、Ⅲ、Ⅳ、Ⅵ对脑神经及第Ⅴ对脑神经的分支眼神经。

（3）利用 12 对脑神经标本和模型观察三叉神经节，三叉神经的三大分支即眼神经、上颌神经、下颌神经的分布。

（4）利用 12 对脑神经标本和模型观察面神经颅内分支和颅外分支。

（5）利用 12 对脑神经标本和模型观察第Ⅸ、Ⅹ、Ⅺ、Ⅻ对脑神经。

8．内脏神经

（1）利用自主神经模型，观察交感神经、副交感神经的低级中枢部位，节前纤维、节后纤维的行程和分布情况，交感神经椎旁节、椎前节、副交感神经的睫状神经节、翼腭神经节、耳神经节、下颌下神经节。

（2）在自主神经标本上观察心丛、肺丛、腹主动脉丛、腹下丛。

实训练习十六

一、观察标本并与图 16-1 比较，将图中已标示的神经主干及神经的名称填写在相应横线上。

1 _____

2 _____

3 _____

4 _____

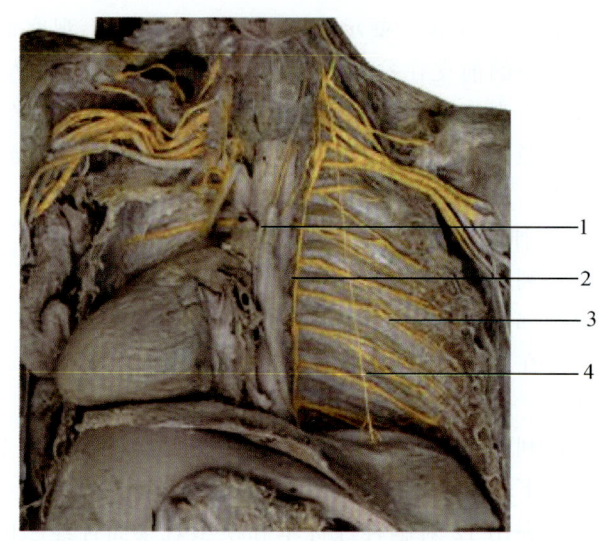

图 16-1　胸腔及颈部的神经

二、请在相应横线上填写图 16-2 中标示的神经名称，在标本上指出这些神经位置。

1 _____

2 _____

3 _____

4 _____

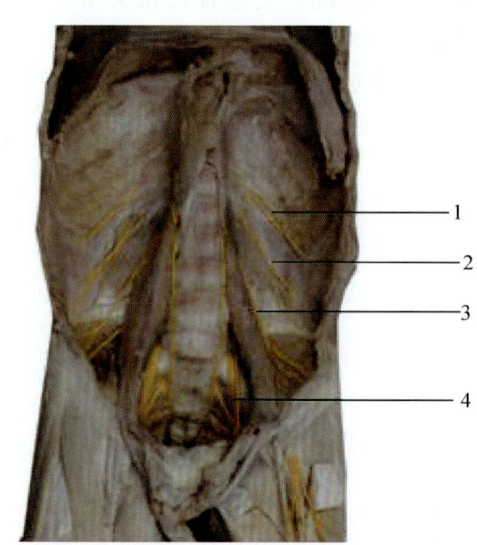

图 16-2　腹后壁的神经

三、请在图 16-3 中找出臂丛四大分支正中神经、尺神经、肌皮神经和胸背神经，试着将其用线条连接起来。

胸背神经

肌皮神经

尺神经

正中神经

图 16-3　上肢的神经

四、试着在标本上指出图 16-4 中标示的神经，与图 16-4 比较，并在相应横线上填写名称。

1 _____

2 _____

3 _____

图 16-4　前臂内侧的神经

五、看图（图 16-5～16-7）填空。

1 _____
2 _____
3 _____
4 _____
5 _____
6 _____

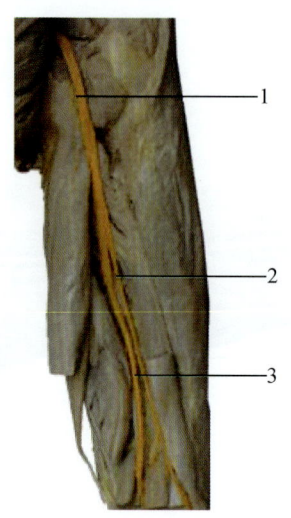
图 16-5　臀部深层神经

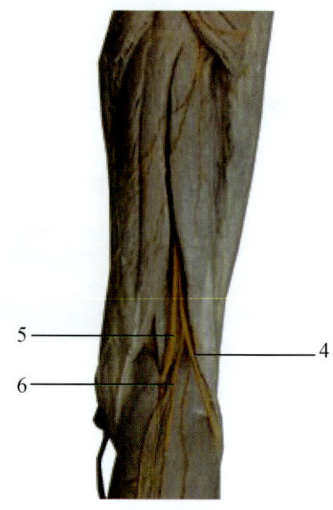
图 16-6　大腿后面的神经

7 _____
8 _____
9 _____

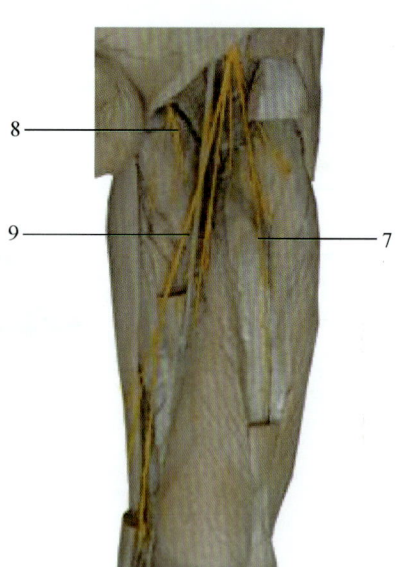
图 16-7　大腿前面的神经

六、观察手、足的标本，找出图 16-8 和图 16-9 中标示的神经分支，分别在相应横线上填写它们的名称。

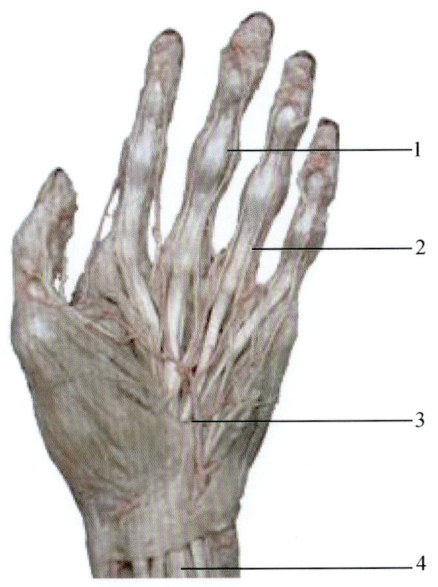

1 _____

2 _____

3 _____

4 _____

图 16-8　手的神经

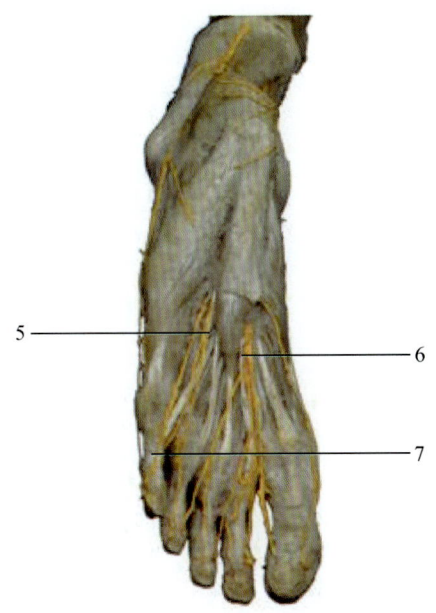

5 _____

6 _____

7 _____

图 16-9　足的神经

实验指导教师_____

_____年_____月_____日